utb 5258

Eine Arbeitsgemeinschaft der Verlage

Böhlau Verlag · Wien · Köln · Weimar
Verlag Barbara Budrich · Opladen · Toronto
facultas · Wien
Wilhelm Fink · Paderborn
Narr Francke Attempto Verlag · Tübingen
Haupt Verlag · Bern
Verlag Julius Klinkhardt · Bad Heilbrunn
Mohr Siebeck · Tübingen
Ernst Reinhardt Verlag · München
Ferdinand Schöningh · Paderborn
Eugen Ulmer Verlag · Stuttgart
UVK Verlag · München
Vandenhoeck & Ruprecht · Göttingen
Waxmann · Münster · New York
wbv Publikation · Bielefeld

Prof. Dr. *Markus Paulus* lehrt Entwicklungspsychologie und Pädagogische Psychologie an der Ludwig-Maximilians-Universität in München.

Markus Paulus

Schlüsselexperimente der Entwicklungspsychologie

Mit 14 Abbildungen und einer Tabelle

Ernst Reinhardt Verlag München

Bibliografische Information der Deutschen Nationalbibliothek

Die Deutsche Nationalbibliothek verzeichnet diese Publikation in der Deutschen Nationalbibliografie; detaillierte bibliografische Daten sind im Internet über <http://dnb.d-nb.de> abrufbar.

UTB-Band Nr. 5258
ISBN 978-3-8252-5258-8 (Print)

Printed in EU
Einbandgestaltung: Atelier Reichert, Stuttgart
Einbandmotiv: © iStock.com / saemilee (Schlüssel); © Heri Kuncoro / fotolia (Psy)
Innenteil: Abb. 2.2 und Abb. 5.1: Alexander Sobieska, München; Abb. 8.1: © MNStudio / fotolia
Satz: ew print & medien service GmbH, Würzburg

Ernst Reinhardt Verlag, Kemnatenstr. 46, D-80639 München
Net: www.reinhardt-verlag.de E-Mail: info@reinhardt-verlag.de

Inhalt

Hinweise zur Benutzung dieses Lehrbuches

Folgende Icons werden im Buch verwendet:

Zusammenfassung

Unter der Lupe

Schlüsselerkenntnisse

Übungsaufgabe

Website- und Internet-Videoempfehlungen

Literatur

Einleitung

Die Entwicklungspsychologie der Kindheit ist eines der faszinierendsten Gebiete der Psychologie. Sie beschäftigt sich mit der Frage, wie aus Neugeborenen, deren Aktivitäten im Wesentlichen aus Schlafen, Nahrungsaufnahme und dem vorsichtigen Erkunden ihres eigenen Körpers und der Umwelt bestehen, Personen werden, die Mitleid mit anderen Menschen empfinden und sie trösten, die Freundschaften mit Gleichaltrigen bilden und stundenlang im Fantasiespiel versinken können, und die mit ihren Eltern darüber diskutieren, warum sie gerade jetzt ihr Zimmer aufräumen müssen. Wie ist es möglich, dass Kinder all diese Fähigkeiten erwerben und irgendwann zu Erwachsenen werden, die sich genau diese Frage stellen? Wie können wir diese Veränderungen erklären, was liegt ihnen zugrunde? Dies sind die Fragen der Entwicklungspsychologie, die sich als Teildisziplin der Psychologie mit überdauernden Veränderungen des Erlebens und Verhaltens über die Lebensspanne beschäftigt.

Obgleich es ein primäres Ziel der Psychologie ist, Theorien und Modelle aufzustellen, die es uns ermöglichen, menschliches Erleben und Verhalten zu erklären, vorherzusagen und zu beeinflussen, konstituiert sich das Fach seit seiner Loslösung von der Philosophie als eine erfahrungswissenschaftlich arbeitende Disziplin. Damit rücken empirische Studien in das Zentrum der wissenschaftlichen Tätigkeit.

Es gibt eine ganze Reihe von Gründen, warum sich ein genauerer Blick auf einzelne Studien lohnt. Erstens können sie uns mithilfe systematischer Beobachtung bzw. Erfassung bestimmte Aspekte des menschlichen Erlebens und Verhaltens deutlicher vor Augen führen, als uns dies in der unsystematischen Alltagsbeobachtung gelingt. Im Alltag sind wir zumeist mit unserer praktischen Lebensführung beschäftigt und müssen konkrete Probleme lösen. Selten untersuchen wir bestimmte Phänomene so systematisch wie etwa Muzafer Sherif die Entstehung von Intergruppenkonflikten in seiner berühmten Ferienlagerstudie erforscht hat (siehe

Kap. 1). Zweitens sind empirische Studien der zentrale Prüfstein für psychologische Theorien. Eine Theorie ist umso besser, je präziser sie die Ergebnisse von Studien vorhersagen kann. Daher helfen uns empirische Forschungen, zwischen mehr und weniger fruchtbaren Theorien zu unterscheiden. Gegebenenfalls wird eine Theorie durch ein Studienergebnis, das den aus ihr abgeleiteten Hypothesen deutlich widerspricht, arg in Bedrängnis gebracht. So erging es beispielsweise Piagets Entwicklungstheorie als Renée Baillargeon ihre Arbeit zur Objektpermanenz im Säuglingsalter publizierte (siehe Kap. 5). Drittens: Manche Studien zeichnen sich durch ein besonders kreatives Design bzw. empirisches Paradigma aus, das gewissermaßen Schule macht. Sie etablieren ein Paradigma, das von vielen anderen ForscherInnen genutzt wird und mitunter die Grundlage der Entwicklung eines ganzen Forschungsfeldes darstellt. Walter Mischels Marshmallow Test (siehe Kap. 7) ist sicherlich ein gutes Beispiel dafür. Viertens: Ein häufig unterschätzter Aspekt empirischer Studien ist die Faszination, die sie ausüben können. Wer zum Beispiel in dem Paradigma von Zahn-Waxler et al. (siehe Kap. 8) gesehen hat, wie schon junge Kinder Mitleid ausdrücken können, wenn sie wahrnehmen, wie sich jemand weh tut, kann sich kaum der Frage entziehen, wie es überhaupt möglich ist, dass Empathie und Mitleid entstehen. Oder wer beobachten konnte, wie Säuglinge selbst eigenartige Verhaltensweisen nachahmen (z.B. eine Tischlampe mit dem Kopf anschalten; siehe Kap. 11), wird gefesselt von der Frage, warum Säuglinge selbst scheinbar sinnlose Handlungen imitieren und wie die Fähigkeit zur Imitation eigentlich entsteht. Einzelne Studien und ihre Befunde können in diesem Sinne Wege in die Entwicklungspsychologie darstellen, weil sie faszinierende Fragen aufwerfen.

Manche Studien sind dabei besonders einflussreich, da sie unser Nachdenken über das Erleben und Verhalten maßgeblich geprägt und die Arbeit vieler anderer ForscherInnen beeinflusst haben. Solche Studien können wir als Schlüsselexperimente bezeichnen. Auf diesen Studien liegt der Fokus dieses Buches.

Dreizehn empirische Studien wurden ausgewählt, die entwicklungspsychologische Forschung nachhaltig beeinflusst haben oder auch als sog. moderne Klassiker den gegenwärtigen Diskurs prägen. Die größte Schwierigkeit dabei war – der Leser bzw. die Leserin wird es ahnen können – aus der reichen Geschichte der Entwicklungspsychologie eine nur kleine Anzahl an Studien auszuwählen.

Die Auswahl folgte der Idee, sowohl ältere als auch neuere Studien zu berücksichtigen. Zugleich war es mein Ziel, verschiedene Aspekte der menschlichen Entwicklung abzudecken. Die Studien berücksichtigen verschiedene Funktionsbereiche und reichen von der kognitiven Entwicklung über die Sprachentwicklung bis hin zur sozialen und emotionalen Entwicklung. Letztlich bleibt die Auswahl aber immer eine subjektive Entscheidung und viele spannende Studien konnte ich aus Platzgründen schweren Herzens nicht aufnehmen.

Alle Kapitel folgen einem einheitlichen Aufbau. Nach einem Quellenverweis auf die Originalpublikation und Information über den zentralen Autor bzw. die zentrale Autorin folgt eine Kurzzusammenfassung der Studie, die einen ersten Überblick erlaubt. Dann folgen die drei Hauptteile jedes Kapitels. Zuerst eine Beschreibung des Forschungskontextes und der Ausgangslage der Studie. Dadurch soll deutlich werden, warum eine bestimme Forschungsfrage überhaupt gestellt wurde und welche Überlegungen die vorliegende Studie motiviert haben. Daran schließt sich die Darstellung der Studie selbst an. Schlussendlich folgt eine Bewertung der Bedeutung der Studie, in welcher auch die aktuellen Bezüge herausgestellt werden. Ein Ziel war es zu verdeutlichen, warum diese Studie auch heute für uns noch von großem Interesse sein kann.

Insgesamt hoffe ich, dass die einzelnen Kapitel einen Einblick in zentrale Themen und Diskurse der Entwicklungspsychologie geben und deutlich machen, warum das Fach eines der faszinierendsten Gebiete der Psychologie ist. Am Ende eines jeden Kapitels finden sich Hinweise auf weiterführende Literatur und zusätzliche Materialien, die zur weiteren Beschäftigung mit dem Thema anregen.

Zu guter Letzt möchte ich mich noch für die zahlreiche Unterstützung bedanken. Ich danke dem gesamten Team des Social Development Labs der LMU München sowie meinen KollegInnen Nicole Altvater-Mackensen, Burkhard Gniewosz und Beate Sodian für wertvolle Rückmeldungen zu einzelnen Kapiteln. Mein besonderer Dank gebührt Noemi Skala, Alexander Sobieska und Marina Kammermeier für ihre vielfältige redaktionelle Unterstützung in den Wochen vor Abgabe des Manuskriptes.

München, Juli 2019
Markus Paulus

1 Gemeinsame Ziele verringern Feindseligkeiten zwischen Kindern

Sherifs Robbers Cave Experiment zur Entstehung und Überwindung von Intergruppenkonflikten

Quelle:
Sherif, M., Harvey, O. J., White, B. J., Hood, W. R., & Sherif, C. W. (1988). The Robbers Cave experiment: Intergroup conflict and cooperation. Wesleyan: Wesleyan University Press. (Original publiziert 1954).

Kurzbiografie:
Muzafer Sherif wurde 1906 in Ödemis (Türkei) geboren. Er studierte 1926 in Istanbul und Harvard und promovierte 1935 an der Columbia University in New York. Bis 1972 war er als Professor an der University of Philadelphia tätig. Er starb 1988.

Wie kommt es dazu, dass Individuen Gruppen bilden? Wie können wir erklären, dass es zwischen Gruppen zu Feindseligkeiten kommt und was kann man tun, um diese Feindseligkeiten zu überwinden? Finden wir diese Prozesse schon in der Kindheit? Diese Fragen untersuchten Muzafer Sherif und Kollegen in ihrem berühmten Ferienlagerexperiment mit 11 Jahre alten Jungen. Zu Beginn der Studie wurden die Kinder in zwei Gruppen eingeteilt, die keinen Kontakt miteinander hatten. Nach einer Phase der Gruppenbildung wurden die beiden Gruppen in Wettbewerbssituationen zusammengebracht. Es zeigte sich, dass die Gruppen Feindseligkeiten und Vorurteile gegeneinander ausbildeten, obwohl die einzelnen Kinder vorab keinerlei aggressive Verhaltensauffälligkeiten aufwiesen. Als die Kinder in Situationen gerieten, in denen sie zur Lösung von Problemen gruppenübergreifend zusammenarbeiten mussten, zeigten sich eine Reduktion in den Feindseligkeiten und ein Aufbrechen der Gruppenstrukturen. Die Studie macht deutlich, wie bereits in der Kindheit soziale Strukturen Feindseligkeiten hervorrufen können, weist aber auch einen Weg zur Überwindung von Intergruppenkonflikten.

1.1 Ausgangspunkt und leitende Frage

Den Ausgangspunkt der Arbeit von Sherif und Kollegen bildet ihr Interesse am Einfluss der sozialen Umwelt auf das Erleben und Verhalten von Individuen. In früheren Studien zum *autokinetischen Effekt* hatte Sherif (1935) gezeigt, dass auch Wahrnehmungsurteile sozial beeinflussbar sind. Der *autokinetische Effekt* beschreibt den Befund, dass ein kleiner Lichtpunkt in einer dunklen Umgebung als bewegt wahrgenommen wird. Menschen unterscheiden sich im Ausmaß dieser subjektiven Illusion. Sherif untersuchte die Wahrnehmungsurteile, wenn Personen in einer Gruppe an einer Studie zum autokinetischen Effekt teilnahmen. Der spannende Befund war, dass sich die Urteile der einzelnen Personen nach wenigen Durchgängen einander annäherten, d.h., dass sich eine Art impliziter Norm ausbildete. Zudem schien dieser Maßstab das Urteil der einzelnen Personen auch über die Gruppenphase hinausgehend zu beeinflussen. Insgesamt verdeutlichen diese frühen Arbeiten, dass Gruppenprozesse sogar eine Auswirkung auf einfache Wahrnehmungsurteile haben können.

Aufbauend auf diesen Arbeiten wandten sich Sherif und Kollegen der Frage zu, wie Gruppen im Rahmen alltäglicher Interaktionen gemeinsame Normen ausbilden. Darüber hinaus erforschten sie, wie Konflikte zwischen Menschen entstehen und wie die Existenz von Feindseligkeit und Aggression zu erklären seien. Während frühere Forschung den Blick auf individuelle Dispositionen gerichtet hatte (z.B. Freud 1930/1994), verfolgte Sherif die Theorie, dass sich Konflikte und damit einhergehende Aggressionen als Folge von Gruppenstrukturen ergeben können. Nach seiner *Theorie des realistischen Gruppenkonfliktes* führt eine Wettbewerbssituation zwischen zwei Gruppen (i.d.R. aufgrund begrenzter Ressourcen) dazu, dass sich eine Präferenz für die Eigengruppe und eine Abwertung der Fremdgruppe ergibt. Das heißt, unabhängig von den Eigenschaften einzelner Personen (z.B. Verträglichkeit, Selbstregulationsfähigkeiten, Empathie) können durch die soziale Struktur Feindseligkeit und Aggression entstehen.

Diese aus der Sozialpsychologie stammenden Überlegungen waren auch aus entwicklungspsychologischer Sicht sehr interessant, da ein paar Jahre zuvor Piaget (1932) eine Theorie der Entwicklung des moralischen Urteils vorgelegt hatte. Seine Arbeiten legten nahe, dass sich im Laufe der mittleren Kindheit ein Übergang vom heteronomen zum autonomen moralischen Urteil zeigt. Das heißt, jüngere Kinder gehen davon aus, dass Normen durch anerkannte Autoritäten festgelegt werden und eine Art objektive Gültigkeit besitzen. Ältere Kinder (ab 10–12 Jahren) verstehen, dass Normen ein Produkt sozialer Interaktion und daher veränderbar sind. Das sich entwickelnde Verständnis der gegenseitigen Abhängigkeit in der Entstehung von Normen war für Sherif und Kollegen eine wichtige entwicklungspsychologische Voraussetzung dafür, dass in einer Gruppe neue Normen entstehen können. Aus entwicklungspsychologischer Sicht war es daher besonders interessant, die Entstehung von gruppenspezifischen Normen und von Intergruppenkonflikten bei Kindern ab 10 Jahren zu untersuchen.

Aufbauend auf diesen beiden Forschungsprogrammen entwickelten Sherif und Kollegen eine groß angelegte Studie, die als *Ferienlagerexperiment* zu den Klassikern der Psychologie gehört. Die Studie untersuchte, wie in sozialen Gruppen Normen entstehen, wie sich Feindseligkeiten zwischen Gruppen ergeben und wie diese Feindseligkeiten überwunden werden können. Das Feldexperiment fand über einen Zeitraum von 3 Wochen in einem Pfadfinderlager statt, welches im Robbers Cave State Park in Oklahoma gelegen war (daher auch die Bezeichnung *Robbers Cave Experiment*). Die Studie zeichnete sich nicht nur durch ihre ungewöhnlich lange Dauer, sondern auch durch eine hohe Dichte an Beobachtungen und Messungen aus. Neben einer ausführlichen teilnehmenden Beobachtung (durch die Begleiter der Kinder) kamen auch verschiedene quantitative Maße (z.B. soziometrische Analysen) zum Einsatz. Das Feldlagerexperiment stellt eine bis heute herausragende Arbeit zur Entstehung von Normen und Gruppenkonflikten im Kindesalter dar.

1.2 Das Experiment im Detail

Aufbau

Die Studie bestand aus drei Phasen. Die erste Phase diente der Gruppenbildung. Dazu wurden die insgesamt 22 11-jährigen Jungen in zwei Gruppen (die *Adler* und die *Klapperschlangen*) aufgeteilt, die anfangs keinen Kontakt miteinander hatten. Die Jungen durchliefen in ihrer Gruppe jeweils eine Reihe von Aktivitäten und lösten Aufgaben. Zum Beispiel mussten sie gemeinsam ein Zelt aufschlagen, um darin schlafen zu können, oder sich ein Essen zubereiten. Die Forscher legten großen Wert darauf, dass sich die Aufgaben aus natürlichen Problemstellungen ergaben (z.B. etwas zu essen) und nicht von außen vorgegeben wurden. Die Autoren vermuteten, dass die Interaktion und die gegenseitige Abhängigkeit in der Zielerreichung innerhalb jeder Gruppe dazu führen, dass sich sowohl relativ stabile gruppeninterne Hierarchien als auch Normen herausbilden würden.

Die zweite Phase diente dazu, die Gruppen in Konflikt miteinander zu bringen. Dazu wurden über mehrere Tage hinweg Wettbewerbssituationen kreiert (z.B. Tauziehen, Baseballspiele), in denen die Gruppen gegeneinander antraten. Durch die Vergabe von Punkten an das jeweils gewinnende Team und die Verleihung eines Preises für das Team mit der höchsten Gesamtpunktzahl standen die beiden Gruppen im Wettbewerb um eine knappe Ressource. Da die Ressourcen begrenzt waren, d.h., letztlich nur eine Gruppe gewinnen konnte, nahmen die Forscher an, dass es zu einem kompetitiven Kontext und zu Frustration kommen würde. Als Folge davon sollte es zu Feindseligkeiten zwischen den Gruppen und einer zunehmenden Solidarität innerhalb der Eigengruppe kommen.

Die dritte Phase war der Frage gewidmet, wie sich die entstandenen Spannungen zwischen den Gruppen reduzieren ließen. Sherif et al. erwarteten, dass bloßer Kontakt zwischen den Gruppen (z.B. gemeinsames Warten, gemeinsame Essenszeit) keinen Effekt haben sollte (*Kontakthypothese*). Vielmehr verfolgten sie die Hypothese, dass ein neues, übergeordnetes Ziel, zu dessen Erreichung beide Gruppen zusammenarbeiten müssen, die Beziehung zwischen den Gruppen verbessern würde (*Hypothese gemeinsamer Ziele*). Um die Kontakthypothese zu überprüfen, brachten sie beide Gruppen zuerst in unterschiedlichen Situationen zusammen (z.B. warteten sie gemeinsam auf den Einlass zu einer Veranstaltung). Um die zweite Hypothese zu prüfen, kreierten die Forscher Problemsituationen, die die Kinder nur durch gemeinsame Anstrengung lösen konnten. In einer Situation waren die Jungen beispielsweise vor das Problem gestellt, dass die gemeinsame Wasserversorgung nicht mehr funktionierte und sie das Problem beheben mussten. In einer anderen Situation konnten sie einen Lieferwagen, der Nahrungsmittel holen sollte, nur durch gemeinsames Ziehen wieder zum Laufen bringen.

Ergebnis und Interpretation

In der ersten Phase zeigte sich, dass sich nach wenigen Tagen relativ stabile Hierarchien innerhalb der Gruppen gebildet hatten. In jeder Gruppe konnte eine Art Anführer identifiziert werden. Dieser Junge zeichnete sich dadurch aus, dass Initiativen für gruppenbezogene Aktivitäten in größerem Ausmaß von ihm ausgingen als auch dadurch, dass seine Initiativen und Vorschläge mit höherer Wahrscheinlichkeit umgesetzt wurden. Die Realisierung der Initiativen anderer Gruppenmitglieder hing in größerem Ausmaß davon ab, dass sie durch den Anführer unterstützt wurden. Zugleich zeigte sich, dass sich in jeder Gruppe Normen etabliert hatten. Diese Normen umfassten bestimmte Einstellungen (z.B. durfte man in der *Adler*-Gruppe nicht sagen, dass man Heimweh hatte) und Verhaltensweisen. Beispiele für letzteres waren feste Regeln, wie bestimmte Aufgaben verteilt wurden, oder wie bestimmte Spiele gespielt werden mussten.

Die zweite Phase zeichnete sich durch eine zunehmende Konkurrenz gegenüber der Fremdgruppe aus. Dies ging einher mit Abwertungen der anderen Gruppen, Schimpfwörtern und teilweise körperlichen Auseinandersetzungen. Die *Adler-Gruppe* verbrannte die Flagge der *Klapperschlangen*. Teilnehmende Beobachtungen durch die Gruppenbegleiter zeigten, dass es zwar nach einer Niederlage in einem Wettkampf teilweise zu Desorganisation bzw. Auflösungserscheinungen innerhalb der verlierenden Gruppe kam, letztlich aber durch vereinte Aktivitäten gegen die Fremdgruppe eine erhöhte Solidarität innerhalb der Eigengruppe erreicht wurde. Die quantitativen Analysen ergaben, dass die Jungen fast ausschließlich Eigengruppenmitglieder, aber kaum Kinder aus der Fremdgruppe als Freunde bezeichneten. Zudem hatten die Kinder negative Stereotype über die Fremdgruppe ausgebildet.

Die dritte Phase war der Überwindung der entstandenen Feindseligkeiten gewidmet. Es ergab sich, dass bloßer Kontakt zwischen den Gruppen zu keiner Veränderung führte. Die Mitglieder blieben weiterhin streng nach Gruppen getrennt und zeigten weiterhin eine Abwertung der Fremdgruppe z.B. durch Schimpfwörter. Eine Veränderung ergab sich jedoch, als die Gruppen zusammenarbeiteten, um ein Problem zu lösen. Die Forscher beobachteten, dass sich die Jungen nach der Zusammenarbeit vermehrt über die Gruppengrenzen hinweg austauschten und miteinander ins Gespräch kamen. Die Spannung schien um so mehr abzunehmen, je mehr die Gruppen miteinander kooperierten. Die Beobachtungen wurden unter anderem durch soziometrische Analysen bestätigt. So zeigte sich am Ende der dritten Phase eine Zunahme der Wahl von Fremdgruppenmitgliedern als Freunde. Darüber hinaus zeigte sich ein drastischer Rückgang im Ausmaß der negativen Stereotype gegenüber der Fremdgruppe. Die Befunde stützen die zweite Hypothese, dass gemeinsame Kooperation, um ein übergeordnetes Ziel zu erreichen, Spannungen zwischen Gruppen reduziert.

Bedeutung und Bewertung

Der Studie von Sherif und Kollegen kommt gerade in heutiger Zeit eine neue Brisanz zu, da sie aufzeigt, wie bereits im Kindesalter aus sozialen Konkurrenzsituationen Feindseligkeiten zwischen Gruppen entstehen können. Zugleich weist sie einen Weg, wie diese Feindseligkeiten durch die gemeinsame Arbeit an einem übergeordneten Ziel überwunden werden können. Eine zentrale Einsicht dieser Arbeit ist, dass sich Feindseligkeiten und Konflikte durch die soziale Struktur und Limitationen an Ressourcen ergeben und nicht notwendigerweise etwas mit individuellen Dispositionen zu tun haben. Das heißt, unabhängig von der Bezugnahme auf individuelle Prozesse (z.B. die Lerngeschichte oder die Emotions- und Selbstregulationsfähigkeiten einzelner Individuen), können wir Feindseligkeiten und Konflikte zwischen Personen durch die Art der sozialen Struktur erklären.

Obwohl die Arbeit ursprünglich aus sozialpsychologischen Überlegungen heraus motiviert wurde, bietet sie eine umfassende Untersuchung von Themen, die verstärkt im Mittelpunkt gegenwärtiger entwicklungspsychologischer Forschungen stehen. Dazu gehören die Fragen nach der Entstehung von Normen als auch der Entwicklung von Intergruppenverhalten und die mögliche Überwindung von Intergruppenkonflikten.

Gerade die erste Phase der Studie zeigt, wie in der Interaktion zwischen Kindern teilweise arbiträre Normen innerhalb von Gruppen entstehen und eine zentrale Rolle in der Kohäsion von Gruppen spielen, indem sie deren gemeinsame Aktivität regeln. Die Studie nimmt damit ein breites Interesse an den Grundlagen der Normativität vorweg, die heute vor allem in der frühen Kindheit genauer erforscht werden (für eine Übersicht siehe Rakoczy/Schmidt, 2013). Diese Forschungen zeigen, dass Kinder im Alter von 2–3 Jahren die verpflichtende Kraft von Regeln verstehen und andere Personen zur Einhaltung von Regeln auffordern (Rakoczy et al., 2008). Unter bestimmten Umständen schließen 3-jährige Kinder auf die Existenz einer Norm, selbst wenn sie eine Handlung nur ein einziges Mal gesehen haben (Schmidt et al., 2016). Die Reichweite sozialer Normen zeigt sich in vielen Bereichen. So zeigen Studien, dass die Neigung junger Kinder, auch eigentlich unnötige Verhaltensweisen einer anderen Person genau zu imitieren (die sog. Über-Imitation), auf der normativen Annahme beruht, dass diese Handlungen so ausgeführt werden müssten (Kenward, 2012; für eine Übersicht siehe Höhl et al., 2019). Weitere Studien legen nahe, dass auch der Gebrauch neuer Wörter (Paulus/Wörle, 2019) und von Werkzeugen (Casler et al., 2009) von jungen Kindern als normativ aufgefasst wird – sie protestieren dagegen, wenn jemand anders damit umgeht.

Auch die Frage, wie Normen in Gruppenprozessen entstehen und tradiert werden, beschäftigt die gegenwärtige Entwicklungspsychologie. In einer Studie spielten Triaden von 5-jährigen Kindern zusammen (Göckeritz et al., 2014). Nach kurzer Zeit stellten die Kinder Spielregeln auf und forderten die Einhaltung dieser Regeln auch von neu hinzukommenden Kindern ein. Dabei unterscheiden junge Kinder, wer eine Regel aufgestellt hat. Falls die Regel von einer Gruppe aufgestellt wurde, glauben Kinder im Grundschulalter, dass diese Regel nur durch eine gemeinsame Entscheidung geändert werden kann (Zhao/Kushnir, 2018). Falls die Regel jedoch durch einen Erwachsenen aufgestellt wurde, nahmen sie an, dass sie auch nur durch die Person abgeändert werden könne. Insgesamt zeigt sich, dass schon junge Kinder starke normative Einstellungen ausbilden und regelkonformes Verhalten auch von anderen Personen einfordern. Zugleich entwickelt sich ein Verständnis, dass Regeln unterschiedliche Ursprünge haben und daher auf unterschiedliche Art abänderbar sind.

Darüber hinaus hat sich die entwicklungspsychologische Forschung verstärkt mit Fragen der Entstehung von Gruppeneinstellungen beschäftigt. Bereits im Kindergartenalter finden sich Effekte von Gruppenzugehörigkeit. Wenn 5-jährige Kinder zufällig in zwei Gruppen aufgeteilt werden, die sich nur in der Farbe des T-Shirts (blau oder rot) unterscheiden (sog. *Minimal Groups*), zeigen Kinder Eigengruppenpräferenzen in einer Vielzahl von Bereichen (Dunham et al., 2011). Zum Beispiel mochten die Kinder andere Kinder mit derselben T-Shirt-Farbe lieber und teilten auch mehr mit ihnen. Neuere Studien zeigen, dass Kindergartenkinder loyaler zu ihrer Eigengruppe als einer Fremdgruppe stehen (z.B. ein Geheimnis nicht verraten), selbst wenn ihnen dies Nachteile bereitet (Misch et al., 2016). Dabei scheint es so zu sein, dass sich im Kindergartenalter zuerst eine Präferenz für die Eigengruppe entwickelt, während eine dezidierte Ablehnung der Fremdgruppe erst mit Beginn des Schulalters auftritt (Buttelmann / Böhm, 2014). Aktuelle Forschungen beschäftigen sich mit der Frage, wie die negativen Konsequenzen der sich früh entwickelnden Intergruppenprozesse überwunden werden können. Die Studie von Sherif und Kollegen bietet hierfür einen immer noch aktuellen Ansatzpunkt.

Eine zentrale Limitation der Studie liegt in der Tatsache, dass sie nur mit Jungen durchgeführt wurde, ihre Befunde also nicht auf Mädchen generalisierbar sind. Neuere Studien weisen in der Tat auf Geschlechtsunterschiede hin. Zum Beispiel berichten Benozio und Diesendruck (2015), dass bei 3–6 Jahre alten Kindern die Präferenz der Eigengruppe und Abneigung gegenüber der Fremdgruppe bei Jungen stärker ausgeprägt ist als bei Mädchen. Die Erforschung der Entwicklung von Geschlechtsunterschieden im frühen Intergruppenverhalten ist eine spannende Aufgabe für die aktuelle entwicklungspsychologische Forschung.

Die Studie von Sherif und Kollegen kann aus einer Reihe von Gründen als Klassiker der Entwicklungspsychologie bezeichnet werden. Zum einen stellt das sich über 3 Wochen erstreckende Studiendesign mit einer Vielzahl an qualitativen Beobachtungen und quantitativen Messungen eine bis heute unerreichbare Fülle an Einsichten über die Entstehung von Intergruppenbeziehungen im Kindesalter bereit. Zum anderen thematisiert die Studie Phänomene (z.B. die Entstehung von Normen, die Entwicklung von Intergruppenkonflikten), die im Mittelpunkt gegenwärtiger entwicklungspsychologischer Forschung stehen.

1.3 Lernen und Lesen

1. Was bedeutet die Aussage, dass Sherif und Kollegen den Ursprung von Feindseligkeiten in der Struktur sozialer Beziehungen und nicht in individuellen Dispositionen verorten?
2. Welches Vorgehen war erfolgreich, um die zwischen den Gruppen entstandenen Feindseligkeiten zu reduzieren?

Video „5 Minute History Lesson, Episode 3: Robbers Cave“: www.youtube.com/watch?v=8PRuxMprSDQ; 12.04.2019

Benozio, A., & Diesendruck, G. (2015). Parochialism in preschool boys' resource allocation. Evolution and Human Behavior, 36(4), 256–264. doi: 10.1016/j.evolhumbehav.2014.12.002

Buttelmann, D., & Böhm, R. (2014). The ontogeny of the motivation that underlies in-group bias. Psychological Science, 25(4), 921–927. doi: 10.1177/0956797613516802

Casler, K., Terziyan, T., & Greene, K. (2009). Toddlers view artifact function normatively. Cognitive Development, 24(3), 240–247. doi: 10.1016/j.cogdev.2009.03.005

Dunham, Y., Baron, A. S., & Carey, S. (2011). Consequences of "minimal" group affiliations in children. Child Development, 82(3), 793–811. doi: 10.1111/j.1467-8624.2011.01577.x

Freud, S. (1930/1994). Das Unbehagen in der Kultur und andere kulturtheoretische Schriften. Mit einer Einleitung von Alfred Lorenzer und Bernard Görlich. Frankfurt am Main: Fischer-Taschenbuch.

Göckeritz, S., Schmidt, M. F. H., & Tomasello, M. (2014). Young children's creation and transmission of social norms. Cognitive Development, 30(1), 81–95. doi: 10.1016/j.cogdev.2014.01.003

Höhl, S., Keupp, S., Schleihauf, H., McGuigan, N., Buttelmann, D., & Whiten, A. (2019). 'Over-imitation': A review and appraisal of a decade of research. Developmental Review, 51, 90–108. doi: https://doi.org/10.1016/j.dr.2018.12.002

Kenward, B. (2012). Over-imitating preschoolers believe unnecessary actions are normative and enforce their performance by a third party. Journal of Experimental Child Psychology, 112(2), 195–207. doi: 10.1016/j.jecp.2012.02.006

Misch, A., Over, H., & Carpenter, M. (2016). I won't tell: Young children show loyalty to their group by keeping group secrets. Journal of Experimental Child Psychology, 142, 96–106. doi: 10.1016/j.jecp.2015.09.016

Paulus, M., & Wörle, M. (2019). Young children protest against the incorrect use of novel words: Toward a normative pragmatic account on language acquisition. Journal of Experimental Child Psychology, 180, 113–122

Piaget, J. (1932). Le jugement moral chez l'enfant. Paris: Presses Universitaires de France.

Rakoczy, H., & Schmidt, M. F. H. (2013). The early ontogeny of social norms. Child Development Perspectives, 7(1), 17–21. doi: 10.1111/cdep.12010

Rakoczy, H., Warneken, F., & Tomasello, M. (2008). The sources of normativity: Young children's awareness of the normative structure of games. Developmental Psychology, 44(3), 875–881. doi: 10.1037/0012-1649.44.3.875

Schmidt, M. F. H., Butler, L. P., Heinz, J., & Tomasello, M. (2016). Young children see a single action and infer a social norm: Promiscuous Normativity in 3-Year-Olds. Psychological Science, 27(10), 1360–1370. doi: 10.1177/0956797616661182

Sherif, M. (1935). A study of some social factors in perception: Chapter 3. Archives of Psychology, 187, 23–46. doi: 10.1080/15374416.2013.812037

Sherif, M., Harvey, O. J., White, B. J., Hood, W. R., & Sherif, C. W. (1988). The Robbers Cave Experiment: Intergroup conflict and cooperation. Wesleyan: Wesleyan University Press. (Original publiziert 1954).

Zhao, X., & Kushnir, T. (2018). Young children consider individual authority and collective agreement when deciding who can change rules. Journal of Experimental Child Psychology, 165, 101–116. doi: 10.1016/j.jecp.2017.04.004

2 Was lernen Kinder durch Beobachtung?

Banduras Studie zum sozialen Lernen im Kindergartenalter

Quelle:
Bandura, A. (1965). Influence of models' reinforcement contingencies on the acquisition of imitative responses. Journal of Personality and Social Psychology, 1, 589–595.

Kurzbiografie:
Albert Bandura wurde 1925 in der kanadischen Provinz Alberta geboren. Er studierte Psychologie an der University of British Columbia und der University of Iowa. Dort promovierte er 1952. Kurz darauf wurde er an die Stanford University berufen, wo er seitdem als Professor für Psychologie tätig ist. Bandura gilt als einer der einflussreichsten Psychologen in der Geschichte der Psychologie.

Welche kognitiven Prozesse liegen der kindlichen Fähigkeit zum Beobachtungslernen und zur Imitation beobachteter Handlungen zugrunde? In seiner einflussreichen Studie erforschte Bandura (1965), ob die wahrnehmbaren Konsequenzen, die ein Anderer für sein Handeln erfährt, das Lernen und die Imitation aggressiver Handlungen bei 3- bis 5-jährigen Kindern beeinflussen. Dazu beobachteten drei Gruppen an Kindern, wie eine erwachsene Person eine lebensgroße Plastikpuppe aggressiv behandelte (z. B. sie schlug und trat). Eine Gruppe sah, wie die Person für ihre Handlungen belohnt wurde, die andere Gruppe, wie sie bestraft wurde, und die dritte Gruppe beobachtete keine Konsequenzen. Als die Kinder selbst mit der Puppe spielen konnten, zeigte die Gruppe, die die Bestrafung gesehen hatte, deutlich weniger aggressives Verhalten als die anderen beiden Gruppen. Dies spricht dafür, dass die beobachteten Konsequenzen die Wahrscheinlichkeit der Imitation beeinflussen. Dieser Effekt wird als *stellvertretende Belohnung bzw. Bestrafung* bezeichnet.

2.1 Ausgangspunkt und leitende Frage

Banduras Arbeit ist vor dem Hintergrund der damals im amerikanischen Raum dominierenden behavioristischen Tradition anzusiedeln. Eine zentrale Idee des Behaviorismus ist, dass Verhalten durch Verstärkung und Bestrafung beeinflusst wird (*operante Konditionierung*). Als Verstärkung gilt, was die Auftretenswahrscheinlichkeit eines Verhaltens erhöht, als Bestrafung, was sie senkt. Der Fokus im Behaviorismus liegt dabei auf beobachtbarem Verhalten, den es auslösenden Stimuli sowie den wahrnehmbaren Konsequenzen.

Im Rahmen des behavioristischen Paradigmas kam es zu einem verstärkten Interesse am Lernen durch Beobachtung. Wie ist es möglich, dass wir neue Verhaltensweisen durch die Beobachtung des Verhaltens anderer erwerben? Ein damals viel diskutierter Vorschlag von Miller und Dollard (1940) verblieb eng im Rahmen der behavioristischen Theorie. Die Autoren postulierten, dass Imitation selbst eine Folge von Verstärkungslernen sei. Falls imitatives Verhalten verstärkt wird, neigen Individuen dazu, Verhalten systematisch zu imitieren. Imitation wird in diesem Modell also genauso über behavioristische Lernmechanismen (z.B. Verstärkung) erklärt wie jedes andere Verhalten. Das Modell setzt freilich voraus, dass das Verhalten bereits im Repertoire des Beobachters vorhanden ist, sodass seine Ausführung auch verstärkt werden kann (Bandura et al., 1961). In einer ersten Studie hatten Bandura und Kollegen (1961) jedoch gezeigt, dass junge Kinder auch neuartige aggressive Verhaltensweisen imitieren. Neuartig bezieht sich dabei nicht darauf, dass Kinder diese Handlungen nicht ausführen können (sonst könnten sie sie auch nicht imitieren), sondern dass sie sie in einer bestimmten Kombination oder Anordnung von Einzelhandlungen noch nie ausgeführt haben. Die Kinder, die beobachteten, wie eine erwachsene Person eine lebensgroße Modellpuppe beispielsweise mit einem Hammer schlug und trat, zeigten dieses Verhalten häufiger als Vergleichsgruppen.

Bandura folgte den behavioristischen Grundideen insoweit, als er die Idee übernahm, dass Verstärkung und Bestrafung einen Effekt auf Verhalten haben. Die Auftretenswahrscheinlichkeit von Verhaltensweisen ist von ihrer Verstärkung und Bestrafung abhängig. Eine zentrale Frage war nun, ob diese selbst erfahren werden müssen oder ob die *Beobachtung* schon hinreichend ist, um Verhalten zu beeinflussen – eine Sichtweise, die prima facie nicht mit Grundannahmen des klassischen Behaviorismus im Einklang war. Eine weitere Frage war, ob die wahrgenommene Verstärkung und Bestrafung das tatsächliche Lernen der Verhaltensweisen (d.h., den Erwerb) beeinflusst oder nur die Ausführung des Verhaltens (das eigentliche Lernen aber nicht tangiert). Diese Fragen standen im Mittelpunkt der Studie von Bandura (1965).

2.2 Das Experiment im Detail

Aufbau

Die Studie folgte einem experimentellen Design und bestand aus drei Gruppen von Kindern im Alter von 3 bis 5 Jahren. In einer ersten Phase wurde den Kindern gesagt, dass sie einen kurzen Film schauen können. Alle Kinder sahen, wie ein erwachsenes Modell eine überlebensgroße Puppe (Bobo-Doll-Puppe) auf verschiedene, neuartige Weisen aggressiv behandelt. Dazu zählte unter anderem die Puppe umzuwerfen, sich auf sie zu setzen und auf die Nase zu schlagen oder ihr mit einem Hammer auf den Kopf zu hauen (Abb. 2.1). Begleitet wurden diese Verhaltensweisen durch entsprechende verbale Aggressionen.

Der weitere Fortgang des Films unterschied sich je nach Gruppe. In der Verstärkungsgruppe wurde das Modell positiv verstärkt: Es bekam Süßigkeiten durch eine andere Person und wurde für sein Verhalten gelobt. In der Bestrafungsgruppe wurde das Modell mit erhobenem Zeigefinger für sein Verhalten geschimpft und leicht geschlagen. In der dritten Gruppe erfuhr das Modell keinerlei Konsequenzen.

Danach wurden die Kinder in einen Raum geführt, der unterschiedliche Spielzeuge enthielt, unter anderem auch eine Bobo-Doll-Puppe und andere Objekte, die zuvor beobachtet wurden. Sie konnten 10 Minuten lang frei spielen. Es war von besonderem Interesse, ob die Kinder die Puppe aggressiv behandeln würden und ob es Unterschiede zwischen den drei Gruppen gab.

Schlussendlich wollte Bandura herausfinden, ob alle Kinder die beobachteten und für sie neuartigen Handlungen gelernt hatten (auch wenn sie diese in der Bestrafungsbedingung vielleicht nicht zeigten). Dazu wurden sie von der Versuchsleiterin gebeten, ihr zu zeigen, was das Modell in dem Film mit der Puppe getan hatte, wofür ihnen eine Belohnung versprochen wurde.

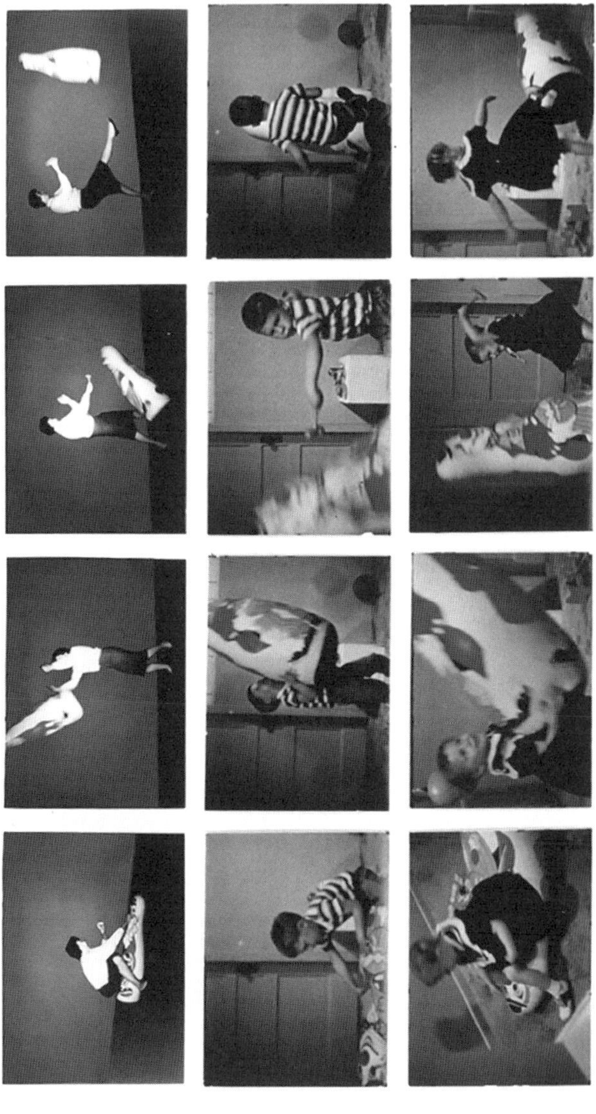

Abb. 2.1: Fotoausschnitte aus dem Film „Social Learning of Aggression through Imitation of Aggressive Models“ einer Folgestudie von Bandura. Die Fotos zeigen das am Modell (in dieser Folgestudie eine Frau im Gegensatz zum Originalexperiment; obere Fotoreihe) erlernte aggressive Verhalten der Kinder (mittlere und untere Fotoreihe) in Banduras Experiment (www.youtube.com/watch?v=dmBqwWlJg8U, 28.5.2019).

Ergebnis und Interpretation

Drei zentrale Befunde aus der Studie sind spannend. Der erste Befund betrifft den Vergleich im freien Spiel zwischen den drei Gruppen. Die Gruppe, die die Bestrafung des aggressiven Verhaltens gesehen hatte, legte deutlich weniger aggressives Verhalten an den Tag als die anderen beiden Gruppen. Es gab keinen Unterschied zwischen der Gruppe, die verstärkt wurde, und der Kontrollgruppe. Dies zeigt, dass nicht nur selbst erfahrene Konsequenzen das Verhalten beeinflussen, sondern auch die bei anderen Personen wahrgenommene stellvertretende Verstärkung und insbesondere Bestrafung.

Gleichzeitig zeigte sich, dass alle Gruppen in der Lage waren, das beobachtete Verhalten zu reproduzieren, wenn sie dafür belohnt wurden. Auch die Gruppe, die Bestrafung gesehen hatte und in der freien Spielphase weniger aggressives Verhalten an den Tag legte, zeigte kein Unterschied im Vergleich zu den anderen beiden Gruppen. Alle Gruppen haben also das beobachtete Verhalten gelernt. Dies legt nahe, zwischen dem *Erwerb* neuer Verhaltensweisen und der *Ausführung dieser* zu unterscheiden – nicht jede Verhaltensweise, die durch Beobachtungslernen erworben wird, wird auch an den Tag gelegt.

Ein dritter Befund, der hier nur kurz erwähnt werden soll, war, dass Mädchen durchgängig weniger Aggression zeigten als Jungen. Dies könnte dadurch erklärt werden, dass das Modell im Originalexperiment männlich war und Imitation von gleichgeschlechtlichen Vorbildern wahrscheinlicher ist. Alternativ könnte es auch damit zusammenhängen, dass aggressives Verhalten eher als jungentypisch gilt und bei Jungen an sich stärker im Verhaltensrepertoire verankert war.

Bedeutung und Bewertung

Die zentrale Bedeutung der Studie liegt in ihrem Nachweis, dass bereits in der frühen Kindheit neuartige Verhaltensweisen durch Beobachtung erworben werden. Kinder führen dabei nicht alles aus, was sie sehen, sondern sie beachten die Konsequenzen, die für den Handelnden damit einhergehen. Wird das Verhalten z.B. bestraft, sind sie weniger geneigt, das Verhalten nachzuahmen.

Aber selbst, wenn das Verhalten nicht gezeigt wird, bedeutet das nicht, dass es nicht gelernt wurde. Auf theoretischer Ebene ist die Unterscheidung zwischen dem *Erwerb* oder der *Aneignung* neuer Verhaltensweisen durch Beobachtung und der tatsächlichen Imitation bzw. *Ausführung* in einem späteren Kontext eine zentrale Einsicht aus Banduras (1965) Studie. Durch die Trennung von Wissenserwerb (hier: neue Verhaltensweisen) und tatsächlichem Verhalten markiert sie den Übergang vom Behaviorismus zu einer kognitiven Sichtweise in der Psychologie. Mit anderen Worten: Die Annahme, dass eine neue Verhaltensweise gelernt wird und zu einem späteren Zeitpunkt flexibel gezeigt werden kann, spricht dafür, dass die gesehene Handlung im kognitiven System repräsentiert wird. Diese Annahme geht über das auf das beobachtbare Verhalten fokussierte Modell des Behaviorismus hinaus. Ähnlich hatte auch Piaget (1962) sein Konzept der verzögerten Imitation entwickelt, welches in seiner Sicht den Beginn der Repräsentationsfähigkeit anzeigt und ab dem zweiten Lebensjahr auftritt.

Bandura hat auf Basis seiner Befunde ein Modell des sozialen Lernens ausgearbeitet (Abb. 2.2). Danach muss einer Handlung zunächst Aufmerksamkeit geschenkt werden. Hier zeigt sich, dass Kinder nicht jedem Modell die gleiche Aufmerksamkeit zukommen lassen; vielmehr hängt dies von der Art der Beziehung und dem sozialen Status des Modells ab. Im nächsten Schritt wird dann die beobachtete Handlung im Gedächtnis gespeichert. In einer späteren Phase wird sie motorisch reproduziert, wobei verschiedene Verstärkungs- und Motivationsprozesse die Wahrscheinlichkeit beeinflussen, mit der eine Handlung gezeigt wird.

Neben der allgemeinen Bedeutung für unser Verständnis von Beobachtungslernen in der frühen Kindheit hat Banduras Studie ein langanhaltendes Interesse an der Frage ausgelöst, inwieweit aggressives und gewalttätiges Verhalten durch Medien erworben wird. In der Studie wurde den Kindern ein Film vorgeführt, in welchem sich jemand aggressiv verhielt und die Kinder imitierten das entsprechende Verhalten. Die Frage des Einflusses von Medien auf das Verhalten von Kindern und Jugendlichen ist eine sehr aktuelle Frage, die viel beforscht wird. Manche Studien legen nahe, dass ein ausgeprägterer Konsum gewalthaltiger Medien mit erhöhter Aggression und geringerer Empathie einhergeht (Krahé / Möller, 2010). Ausgehend von diesen und ähnlichen Befunden versuchen theoretische Modelle zu erklären, über welche psychologischen

Prozesse (z.B. feindselige Bewertungen, aggressive Gedanken und Gefühle) gewalthaltiger Medienkonsum die Bereitschaft

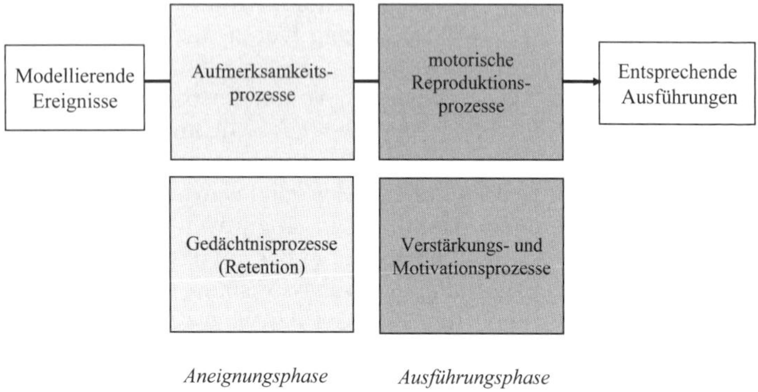

Abb. 2.2: Banduras Modell des sozialen Lernens (nach Bandura, 1971)

zu Aggression und Gewalt erhöht (Anderson/Bushman, 2018). Dabei sollte jedoch erwähnt werden, dass die Stärke des Zusammenhanges umstritten ist und nicht alle Studien einen Einfluss von gewalthaltigem Medienkonsum auf Aggression finden (Kühn et al., 2018). Obwohl Banduras Studie mehr als 50 Jahre alt ist, stehen die in ihr untersuchten Themen auch heute noch im Interesse der entwicklungspsychologischen Forschung.

Banduras Arbeiten zur Imitation aggressiven Verhaltens im Kindesalter hat einen bis heute anhaltenden Einfluss auf die Entwicklungspsychologie. Zum einen markieren sie den Übergang vom Behaviorismus zu einer verstärkt kognitiven Sichtweise in der Psychologie. Zum anderen sind die in ihnen behandelten Fragestellungen – Wie lernen Kinder durch Beobachtung? Wird aggressives Verhalten durch Konsum gewalthaltiger Medien erworben? – bis heute im Fokus der Entwicklungspsychologie.

2.3 Lernen und Lesen

1. Warum lässt sich sagen, dass Banduras theoretischer Ansatz eine Abkehr von den Annahmen des klassischen Behaviorismus darstellt?
2. Inwieweit lassen die Befunde von Bandura (1965) zu, zwischen Erwerb und Ausführung einer Handlung durch Beobachtung zu unterscheiden?

Video "Bandura's Bobo Doll Experiment: Modeling of Aggression": www.youtube.com/watch?v=dmBqwWlJg8U

Anderson, C. A., & Bushman, B. J. (2018). Media violence and the general aggression model. Journal of Social Issues, 74(2), 386–413. http://dx.doi.org/10.1111/josi.12275

Bandura, A. (1965). Influence of models' reinforcement contingencies on the acquisition of imitative responses. Journal of Personality and Social Psychology, 1(6), 589–595. doi: http://dx.doi.org/ 10.1037/h0022070

Bandura, A., Ross, D., & Ross, S. A. (1961). Transmission of aggression through imitation of aggressive models. Journal of Abnormal and Social Psychology, 63(3), 575–582. doi: http://dx.doi.org/10.1037/h0045925

Krahé, B., & Möller, I. (2010). Longitudinal effects of media violence on aggression and empathy among German adolescents. Journal of Applied Developmental Psychology, 31(5), 401–409. doi: http://dx.doi.org/10.1016/j.appdev.2010.07.003

Kühn, S., Kugler, D. T., Schmalen, K., Weichenberger, M., Witt, C., & Gallinat, J. (2018). Does playing violent video games cause aggression? A longitudinal intervention study. Molecular Psychiatry. Advance online publication. doi: https://doi.org/10.1038/s41380-018-0031-7

Miller, N. E., & Dollar, D. (1940). Social learning and Imitation. New Haven, CT, US: Yale University Press.

Piaget, J. (1962). Play, dreams, and imitation in childhood. New York, NY, US: The Norton Library. doi: 10.1037/h0052104

3 „Bin ich wie Du?" – Oder warum sind wir in der Lage, andere Menschen zu imitieren?

Meltzoffs Studie zur Entwicklung von Imitation

Quelle:
Meltzoff, A. N., & Moore, M. K. (1977). Imitation of facial and manual gestures by human neonates. Science, 198, 74–78.

Kurzbiografie:
Andrew Meltzoff (geb. 1950) studierte Psychologie in Harvard und promovierte 1976 in Oxford. Er ist gegenwärtig Professor für Psychologie an der University of Washington.

In zwei Experimenten mit 12–21 Tage alten Säuglingen untersuchten Andrew Meltzoff und Kollegen das Imitationsverhalten von Neugeborenen. Dabei interessierte sie, ob Kinder bereits kurz nach der Geburt Gesichtsausdrücke und Handbewegungen imitieren. Die Imitation von Gesichtsausdrücken ist von besonderem Interesse, da man sein eigenes Gesicht nicht direkt wahrnehmen und somit nicht prüfen kann, ob man „korrekt" imitiert. Um Gesichtsausdrücke zu imitieren, muss man in der Lage sein, die visuell wahrgenommenen Eindrücke mit eigenen Handlungen abzugleichen. Die Autoren berichteten, dass die 1 Monate alten Säuglinge Gesichtsausdrücke wie das Herausstrecken der Zunge imitierten. Diese Befunde wurden als Evidenz für eine angeborene Fähigkeit zur Imitation interpretiert. Diese Fähigkeit beruht nach Meltzoff darauf, dass Säuglinge andere Menschen als ähnlich zu sich selbst (Like-me-Hypothese) wahrnehmen.

3.1 Ausgangspunkt und leitende Frage

Den historischen Forschungskontext der Studie bildet die Auseinandersetzung mit Piagets Theorie der kognitiven Entwicklung. Nach Piaget (1962) sind Neugeborene mit angeborenen Reflexen ausgestattet, die im Laufe der ersten Lebensmonate durch eine zunehmende Anzahl unterschiedlicher Stimuli ausgelöst werden können (Piaget spricht hierbei von der Assimilation unterschiedlicher Objekte an vorhandene Schemata). Imitation tritt dann auf, wenn die beobachtete Handlung der eigenen Handlung eines Säuglings entspricht und diese im Rahmen der sog. Zirkulärreaktion zur Wiederholung anregt. Nach Piaget entwickelt sich Imitation über sechs Substadien der sensomotorischen Phase (ca. 0–1,5 Jahre). Im vierten und fünften Substadium (d.h. etwa mit einem Jahr) können Kinder Handlungen imitieren, die sie nicht an sich selbst beobachten können. Piaget postulierte also, dass sich Imitation im Laufe des ersten Lebensjahres entwickelt und vor allem die Imitation nicht an sich selbst beobachtbarer Handlungen eine komplexere Fähigkeit und somit auch ein späteres Entwicklungsprodukt darstellt.

Im Gegensatz dazu gingen Meltzoff und Moore (1977) davon aus, dass sich die Fähigkeit zur Imitation deutlich früher entwickelt und möglicherweise sogar angeboren sei. Dies müsste dann auch auf die Imitation von nicht an sich selbst beobachtbaren Handlungen wie etwa Gesichtsausdrücken (z.B. Zunge herausstrecken) zutreffen. Diese Hypothese wollten sie im Rahmen von zwei experimentellen Studien mit wenigen Wochen alten Säuglingen überprüfen.

Dazu präsentierten sie den Kindern unterschiedliche manuelle Gesten und Gesichtsausdrücke und untersuchten, ob die Kinder diese imitierten. Dabei sahen sie es als zentrale Herausforderung an, mögliche Alternativerklärungen auszuschließen. Zwei seien hier genannt: Zum einen könnte es sein, dass die scheinbare Imitation auf eine Art genereller Erregung zurückführbar ist. Das heißt, es wäre möglich, dass Kinder immer dann die Zunge herausstrecken oder andere Grimassen zeigen, wenn sie sich in einer für sie aufregenden Situation befinden. Zufälligerweise könnte dies mit dem Verhalten des Modells übereinstimmen, welches auch die Zunge herausstreckt. Dies wäre aber kein Imitationsverhalten, sondern nur eine zufällige Übereinstimmung. Zum anderen könnte möglicherweise der Versuchsleiter unbewusst sein eigenes

Verhalten an das des Kindes anpassen. Dadurch könnte es so aussehen, als ob das Kind den Versuchsleiter imitiert, während eigentlich der Versuchsleiter das Kind imitiert.

3.2 Das Experiment im Detail

Aufbau

Im ersten Experiment wurden sechs Kinder im Alter von 12–17 Tagen untersucht. Vier unterschiedliche Gesten wurden durch einen Versuchsleiter demonstriert: das Herausstrecken der Zunge, das Öffnen des Mundes, das Schürzen der Lippen sowie eine sequenzielle Fingerbewegung, die einem Öffnen und Schließen der Hand gleichkam. Abb. 3.1 zeigt die drei Gesten, die das Gesicht betreffen.

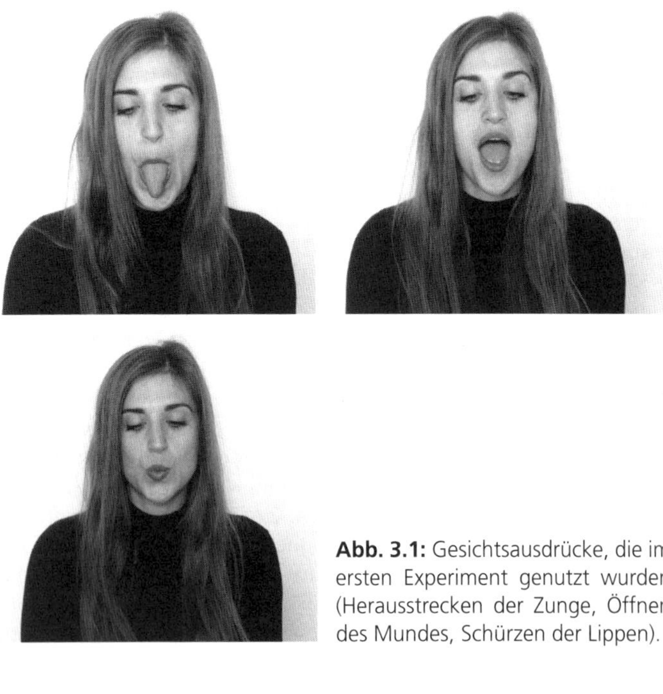

Abb. 3.1: Gesichtsausdrücke, die im ersten Experiment genutzt wurden (Herausstrecken der Zunge, Öffnen des Mundes, Schürzen der Lippen).

Jede Geste wurde in einer Demonstrationsphase vier Mal innerhalb von 15 Sekunden gezeigt, woraufhin die Kinder in einer Reaktionsphase 20 Sekunden Zeit hatten, um zu reagieren. Innerhalb dieser Periode zeigte der Versuchsleiter ein ausdrucksloses Gesicht, um das Kind nicht zu beeinflussen. Falls ein Kind in einer Demonstrationsphase nicht zusah, wurden beide Phasen wiederholt. Nachdem eine Geste dargeboten wurde, gab es eine kurze Pause, wonach die folgende Geste an die Reihe kam. Die Reihenfolge der vier Gesten wurde dabei randomisiert. Die Reaktionen der Kinder wurden auf Video aufgezeichnet.

Die Forscher analysierten, ob Kinder eine bestimmte Geste häufiger als Reaktion auf die gleiche Geste von Seiten des Versuchsleiters zeigten als auf eine der anderen Gesten. Zur Auswertung wurden kurze Videoabschnitte der Reaktionsphasen von sechs unabhängigen Personen „blind“ (d.h., ohne Wissen darüber, welche Geste gezeigt worden war) kodiert. In einem mehrstufigen Auswertungsprozess wurde kodiert, ob ein Kind eine bestimmte Geste gezeigt hatte oder nicht.

Das zweite Experiment war ähnlich aufgebaut wie das erste, deswegen soll hier nur auf zentrale Aspekte eingegangen werden. Es wurde davon abgesehen, eine Geste mehrmals darzubieten, da dies Verzerrungen ermöglichen könnte. Zum Beispiel hätte der Versuchsleiter einen Durchgang so häufig wiederholen können, bis das Kind richtig imitierte. Darüber hinaus wurden die 12 Kinder (16–21 Tage alt) in einem Messwiederholungsdesign mit zwei der Gesten konfrontiert: Herausstrecken der Zunge und Öffnen des Mundes. Zusätzlich gab es zu Beginn des Experimentes eine Baseline, in welcher den Kindern keine Geste präsentiert wurde. Damit konnte verglichen werden, ob die Kinder die jeweiligen Gesten häufiger zeigten, wenn sie durch den Versuchsleiter vorgemacht wurde, als wenn sie gar nicht gezeigt wurden.

Ergebnis und Interpretation

Das erste Experiment ergab, dass die Kinder eine bestimmte Geste dann am häufigsten zeigten, wenn diese auch vom Versuchsleiter demonstriert wurde. Die anderen Gesten kamen zwar auch vor, aber weniger häufig. Diese Übereinstimmung zwischen dem Verhalten des Versuchsleiters und dem des Kindes werden mittels der gestreiften Balken in Abb. 3.2 visualisiert.

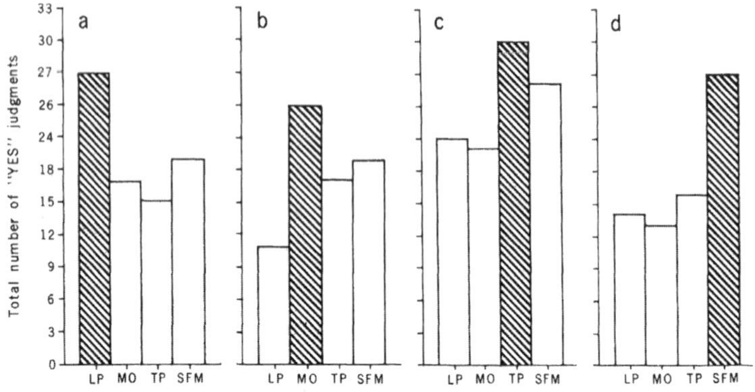

Abb. 3.2: Anzahl der von den Kodierern im ersten Experiment registrierten kindlichen Gesten (LP: lip protrusion (a); MO: mouth opening (b); TP: tongue protrusion (c); SFM: sequential finger movements (d)). Die gestreiften Balken stellen dar, welches Verhalten den Kindern tatsächlich gezeigt wurde. (Meltzoff/Moore, 1977)

Das zweite Experiment ließ einen ähnlichen Befund erkennen. Die Kinder zeigten das Herausstrecken der Zunge bzw. das Schürzen der Lippe am häufigsten, wenn der Versuchsleiter die entsprechende Handlung auch tatsächlich zuvor demonstriert hatte.

Bedeutung und Bewertung

Die Bedeutung dieser Studie ist nicht zu unterschätzen. Zum einen nahm sie großen Einfluss auf die Ausrichtung der Entwicklungspsychologie post-Piaget, indem sie unisono mit einer Reihe weiterer Studien (Kap. 5) Piagets Entwicklungstheorie als zu pessimistisch und unzutreffend darstellte. Piaget hatte postuliert, dass sich die Fähigkeit zur Imitation von Handlungen, die man nicht an sich selbst beobachten kann (z.B. das Herausstrecken der Zunge), erst gegen Ende des ersten Lebensjahres entwickelt. Im Gegensatz dazu deuteten die Ergebnisse von Meltzoff und Moore an, dass bereits wenige Tage alte Kinder dazu in der Lage seien. Auch andere Studien erbrachten ähnliche Befunde (Meltzoff/Moore, 1989). In

Folge dieser Studie kam es zu vielfältigen weiteren Studien, die den Blick auf frühe Kompetenzen im Säuglingsalter richteten und zum Aufkommen der Metapher des „kompetenten Säuglings“ (Dornes 1993) führten. Das Postulat einer angeborenen Fähigkeit zur Imitation trug zum Erstarken nativistischer Ansätze in der Entwicklungspsychologie bei.

Ausgehend von dieser ersten Studie entwickelten Meltzoff und Kollegen ein fruchtbares Forschungsprogramm, in welchem sie die Imitationsfähigkeiten von jungen Kindern genauer untersuchten. Die Themen reichten von der Erforschung der Fähigkeit zur verzögerten Imitation (Meltzoff, 1988) bis zum Erwerb kausaler Zusammenhänge durch Beobachtung (Meltzoff et al., 2012). Von weitreichender Bedeutung ist das von Meltzoff und Kollegen entwickelte theoretische Modell. Die Herausforderung besteht darin zu erklären, wie es möglich ist, dass – wie im Falle der Imitation von Gesichtsausdrücken – eine gesehene, aber nicht propriozeptiv gefühlte Handlung (einer anderen Person) auf eine nicht gesehene, aber propriozeptiv gefühlte (eigene) Handlung bezogen wird. Es scheint auf der sensorischen (modalitätsspezifischen) Ebene keine gemeinsame Vergleichsdimension zu geben: Das bei anderen Personen Gesehene muss auf eine eigene, nur propriozeptiv wahrnehmbare Handlung bezogen werden. Meltzoff und Moore (1997) lösten das Problem dadurch, dass sie die Existenz eines abstrakten, supramodalen Repräsentationsformats annahmen. Das heißt, dass die einzelnen Handlungen nicht nur in einem modalitätsspezifischen Format (z.B. visuell, auditiv oder propriozeptiv) verarbeitet werden, sondern auch in einem abstrakten Format. In ihrem *Active-Intermodal-Mapping-(AIM-)*Modell postulieren Meltzoff und Kollegen, dass ein angeborener Äquivalenzdetektor die Zuordnung zwischen eigenen und fremden Handlungen auf einer abstrakten Ebene vornimmt. Falls eine gesehene, aber nicht gefühlte Zungenbewegung (einer anderen Person) und die eigene gefühlte, aber nicht gesehene Zungenbewegung auf abstrakter Ebene als Zungenbewegung repräsentiert ist, kann erklärt werden, wieso bereits Neugeborene imitieren können.

Dieses theoretische Modell war über die begrenzte Fragestellung der Ontogenese der Imitation hinaus auch aus zwei weiteren Gründen einflussreich: In einer Weiterentwicklung dieses Ansatzes postuliert Meltzoff (2007) in seinem Like-me-Modell, dass die Fähigkeit, Ähnlichkeiten zwischen sich und anderen zu erkennen, die Grundlage der Entwicklung des sozialen Verstehens sei. Falls sich jemand so bewegt wie ich, ist er so wie ich, d.h. denkt und fühlt wie ich. Nach diesem Modell beginnen junge Kinder andere Menschen als ähnlich zu sich selbst („like me") zu verstehen. Kinder nutzen also ihre eigenen Erfahrungen (Perspektive der ersten Person), um andere Menschen (Perspektive der dritten Person) zu verstehen. Und dieser Prozess fußt nach Meltzoff auf der angeborenen Fähigkeit, sich und andere in einem gemeinsamen repräsentationalen Format wahrzunehmen. Damit reiht sich Meltzoffs Ansatz in die sog. Simulationstheorien sozialen Verstehens ein, die allgemein davon ausgehen, dass wir andere Personen in Analogie zu uns selbst verstehen (z.B. Goldman, 2006).

Des Weiteren ließen sich Meltzoffs Befunde und seine Theorie auf eine zeitgleiche Entdeckung in den Neurowissenschaften beziehen, die sog. Spiegelneurone. Diese Neurone feuern sowohl bei der Ausführung einer Handlung als auch bei der Wahrnehmung der korrespondierenden Handlung einer anderen Person. Die Spiegelneurone könnten damit die neuronale Grundlage für das von Meltzoff postulierte AIM darstellen (für eine ausführliche Darstellung der Spiegelneuronenforschung siehe Rizzolatti/ Craighero, 2004). Diese Überlegungen haben Forschungen im Rahmen der Developmental Cognitive Neuroscience motiviert, die neuronalen Grundlagen der Imitation im Säuglingsalter zu erforschen. In neueren Arbeiten wurde mithilfe der Elektroenzephalographie (EEG) untersucht, inwieweit bereits im Säuglingsalter Handlungsbeobachtung als auch Handlungsausführung zu ähnlichen kortikalen Aktivationsmustern in motorischen Arealen führen (Marshall/Meltzoff, 2014).

Die ursprüngliche Imitationsstudie und die daran anschließende Theorie wurden auch weit über die Grenzen der Disziplin hinaus rezipiert. Aufgrund der fundamentalen Relevanz des sozialen Lernens und sozialen Verstehens für die menschliche Entwicklung und der Entstehung von Gesellschaften stieß sie auf breites Interesse. So beschäftigt sich zum Beispiel die Philosophie mit Fragen der Intersubjektivität, d.h. der Frage, wie wir die soziale Natur des Menschen verstehen und erklären können. Sind wir alle primär einzelne Individuen, die erst im Laufe der Entwicklung soziale Wesen werden? Oder sind wir primär soziale Wesen, die auf einer tiefer liegenden Ebene miteinander verbunden sind? Die Befunde von Meltzoff und Moore werden in dieser Debatte gerne als Nachweis dafür zitiert, dass Menschen von Geburt an soziale Wesen seien und dass es noch vor aller bewussten Reflexion über unsere Beziehungen zu anderen Menschen eine Art primärer Intersubjektivität gibt, die uns mit unseresgleichen verbindet und uns andere Menschen verstehen lässt (Fuchs, 2000).

Obwohl Meltzoffs Forschungsprogramm einen großen Einfluss auf die Entwicklungspsychologie hatte, wurden und werden seine empirischen Befunde und theoretischen Annahmen kontrovers diskutiert. In zwei breit angelegten Forschungsprogrammen haben sowohl Moshe Anisfeld (1991) als auch Susan Jones (1996, 2007) die empirischen Befunde einer weitreichenden Kritik unterzogen. Beide legten Studien vor, die nahelegen, dass das von Meltzoff als Imitationsverhalten deklarierte Herausstrecken der Zunge eine Reaktion darstellt, die auf eine Vielfalt an Stimuli erfolgt. In einer Studie wurde z.B. gezeigt, dass Säuglinge auch bei Musik die Zunge herausstrecken (bei Meltzoff der paradigmatische Beweis für angeborene Imitation). Jones (2006) sieht ihre Befunde im Widerspruch zu Meltzoff und Moore (1977) und postuliert, dass das Herausstrecken der Zunge eine allgemeine Reaktion auf interessante und anregende Stimuli darstellt.

Die schon früh vorgebrachte Kritik wurde in den letzten Jahren durch zwei weithin rezipierte Studien noch einmal verschärft. In einer groß angelegten Querschnittsstudie untersuchte Jones (2007) die Reaktionen von 160 Kindern (jeweils ca. 20 Kinder im Alter von 6, 8, 10, 12, 14, 16, 18 und 20 Monaten) auf acht verschiedene Gesten. Wie Meltzoff und Moore analysiert sie, wie häufig die Kinder eine Geste als Reaktion auf die gleiche oder irgendeine andere Geste des Versuchsleiters sehen ließen. Die Ergebnisse sprachen dafür, dass sich die Imitation von Gesten erst im Laufe der ersten Lebensmonate entwickelt (Abb. 3.3). Darüber zeigte sich, dass die einzelnen Handlungen zu unterschiedlichen Zeitpunkten in der Entwicklung zum ersten Mal imitiert wurden.

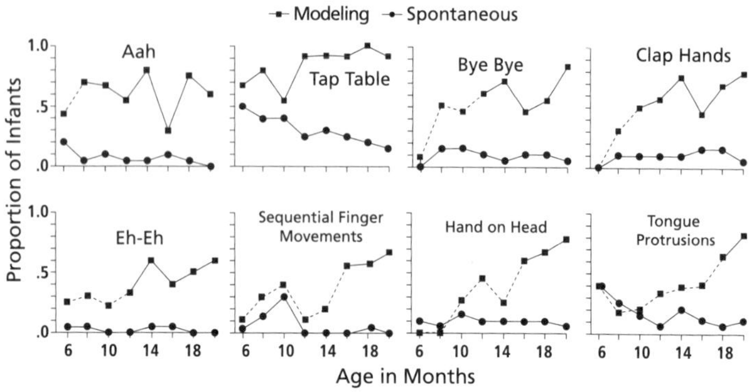

Abb. 3.3: Anteil der Kinder, die die entsprechende Handlung spontan oder als Reaktion auf die Demonstration der gleichen Handlung (Modeling) zeigte (nach Jones, 2007). Die durchgezogene Linie für das modellierte Verhalten gibt an, dass die Kinder ab diesem Alter die entsprechende Handlung imitierten: Die Kinder zeigten sie häufiger, wenn sie vorgemacht wurde, als wenn eine andere Handlung demonstriert wurde.

Diese Befunde stehen im Einklang mit einer kürzlich erschienenen Längsschnittstudie, die Säuglinge von der Geburt bis zum zweiten Lebensmonat untersuchte. Auch hier fanden Oostenbroek und Kollegen (2016) keine Evidenz für eine Imitationsleistung. Diese Studien lassen Zweifel an der These aufkommen, dass Imitation angeboren sei bzw. sich sehr früh entwickle. Im Gefolge dieser Befunde betonen alternative theoretische Überlegungen, dass die Entwicklung frühkindlicher Imitation auf basalen assoziativen Lernfähigkeiten beruht. Unter anderem könnten Säuglinge lernen, Gesichtsausdrücke zu imitieren, da sie selbst von ihren Bezugspersonen imitiert werden (Heyes, 2010; Paulus, 2014). Die gegenseitige Imitation im Rahmen der Eltern-Kind-Interaktion könnte eine zentrale Rolle in der Entwicklung der Imitationsfähigkeiten spielen.

Angesichts der widersprüchlichen empirischen Befundlage ist es unklar, ob Säuglinge von Geburt an imitieren bzw. ab welchem Alter sie überhaupt in der Lage sind, dies zu tun. Die teils heftigen Auseinandersetzungen über die richtige Interpretation der Originalstudien als auch der neueren Studien (Heyes, 2016; Meltzoff et al.,

2018; Oostenbroek et al., 2018) zeigt, dass das Feld in seiner Einschätzung der Validität und Relevanz der Befunde gespalten ist.

Die Befunde von Meltzoff und Moore (1977) zeigen, dass sie eine bis heute kontrovers geführte Debatte über die Ontogenese der Imitationsfähigkeit ausgelöst haben. Ungeachtet der Frage, ob Imitation nun angeboren ist oder nicht, haben die frühen Arbeiten von Meltzoff und Kollegen dazu beigetragen, dass frühkindliches Imitationsverhalten heute eines der am intensivsten beforschten Themen der Entwicklungspsychologie ist.

3.3 Lernen und Lesen

1. Wie erklären Meltzoff und Moore, dass bereits Säuglinge in der Lage seien, nicht an sich selbst wahrnehmbare Handlungen zu imitieren?
2. Was besagt das Like-me-Modell von Meltzoff und inwieweit ist es für die Frage nach der Natur der menschlichen Intersubjektivität interessant?
3. Welche Kritik gibt es an den Annahmen von Meltzoff und Kollegen und welche alternativen Überlegungen zur Entstehung von Imitation gibt es?

Video „Neonate Imitation": www.youtube.com/watch?v=k2YdkQ1G5QI

Anisfeld, M. (1991). Neonatal imitation. Developmental Review, 11(1), 60–97. doi: http://dx.doi.org/10.1016/0273-2297(91) 90003-7

Dornes, M. (1993). Der kompetente Säugling. Frankfurt am Main: Fischer.

Fuchs, T. (2000). Leib, Raum, Person. Entwurf einer phänomenologischen Anthropologie. Stuttgart: Klett-Cotta.

Goldman, A. I. (2006). Simulating minds: The philosophy, psychology, and neuroscience of mindreading. Oxford, England: Oxford University Press.

Heyes, C. (2010). Where do mirror neurons come from? Neuroscience and Biobehavioral Reviews, 34(4), 575–583. doi: 10.1016/j.neubiorev. 2009.11.007

Heyes, C. (2016). Imitation: Not in our genes. Current Biology, 26(10), R412–R414. doi: http://doi.org/10.1016/j.cub.2016.03.060

Jones, S.S. (1996). Imitation or exploration? Young infants' matching of adults' oral gestures. Child Development, 67(5), 1952–1969. doi: http://dx.doi.org/ 10.1111/j.1469-7610.1986.tb01837.x

Jones, S.S. (2006). Exploration or imitation? The effect of music on 4-week-old infants' tongue protrusions. Infant Behavior and Development, 29(1), 126–130. doi: https://doi.org/10.1016/j.infbeh.2005.08.004

Jones, S.S. (2007). Imitation in infancy. Psychological Science, 18(7), 593–599. doi: http://dx.doi.org/10.1111/j.1467-9280.2007.01945.x

Marshall, P.J., & Meltzoff, A.N. (2014). Neural mirroring mechanisms and imitation in human infants. Philosophical Transactions of the Royal Society B: Biological Sciences, 369(1644): 20130620. doi: https://royalsocietypublishing.org/doi/abs/10.1098/rstb.2013.0620

Meltzoff, A.N. (1988). Imitation of televised models by infants. Child Development, 59(5), 1221–1229. doi: http://dx.doi.org/10.2307/1130485

Meltzoff, A.N. (2007). „Like me“: A foundation for social cognition. Developmental Science, 10(1), 126–134. doi: https://doi.org/10.1111/j.1467-7687.2007.00574.x

Meltzoff, A.N., & Moore, M.K. (1977). Imitation of facial and manual gestures by human neonates. Science, 198, 74–78.

Meltzoff, A.N., & Moore, M.K. (1989). Imitation in newborn infants: Exploring the range of gestures imitated and the underlying mechanisms. Developmental Psychology, 25(6), 954–962. doi: http://dx.doi.org/10.1037/0012-1649.25.6.954

Meltzoff, A.N., & Moore, M.K. (1997). Explaining facial imitation: a theoretical model. Early Development and Parenting, 6(3–4), 179–192. doi: https://doi.org/10.1002/(SICI)1099-0917(199709/12)6:3/4<179::AID-EDP157>3.0.CO;2-R

Meltzoff, A.N., Murray, L., Simpson, E., Heimann, M., Nagy, E., Nadel, J., … Ferrari, P.F. (2018). Re-examination of Oostenbroek et al. (2016): Evidence for neonatal imitation of tongue protrusion. Developmental Science, 21(4), e12609. doi: https://doi.org/10.1111/desc.12609

Meltzoff, A.N., Waismeyer, A., & Gopnik, A. (2012). Learning about causes from people: Observational causal learning in 24-month-old infants. Developmental Psychology, 48(5), 1215–1228. doi: http://dx.doi.org/10.1037/a0027440

Oostenbroek, J., Redshaw, J., Davis, J., Kennedy-Costantini, S., Nielsen, M., Slaughter, V., & Suddendorf, T. (2018). Re-evaluating the neonatal imitation hypothesis. Developmental Science. Advance online publication. doi: https://doi.org/10.1111/desc.12720

Oostenbroek, J., Suddendorf, T., Nielsen, M., Redshaw, J., Kennedy-Costantini, S., Davis, J., … Slaughter, V. (2016). Comprehensive longitudinal study challenges the existence of neonatal imitation in humans. Current Biology, 26(10), 1334–1338. doi: http://dx.doi.org/10.1016/j.cub.2016.03.047

Paulus, M. (2014). How and why do infants imitate? An ideomotor approach to social and imitative learning in infancy (and beyond). Psychonomic Bulletin and Review, 21(5), 1139–1156. https://doi.org/10.3758/s13423-014-0598-1

Piaget, J. (1962). Play, dreams, and imitation in childhood. New York, NY, US: The Norton Library.

Rizzolatti, G., & Craighero, L. (2004). The mirror-neuron system. Annual Review of Neuroscience, 27, 169–192. doi: https://doi.org/10.1146/annurev.neuro.27.070203.144230

4 „Du weißt nicht, was ich weiß" – Wie Kinder das Denken anderer Personen verstehen

Perners Studie zur Entstehung der Theory of Mind im Kindergartenalter

Quelle:
Wimmer, H., & Perner, J. (1983). Beliefs about beliefs: Representation and constraining function of wrong beliefs in young children's understanding of deception. Cognition, 13, 103–128.

Kurzbiografie:
Josef Perner wurde 1948 in Radstadt (Salzburg) geboren. Er studierte Psychologie, Philosophie und Mathematik in Salzburg und Toronto. 1978 promovierte er in Toronto mit einer Arbeit über Entscheidungsverhalten bei Unsicherheit im Kindesalter. Ab 1979 war er an der Universität Sussex und seit 1995 als Professor an der Universität Salzburg tätig.

Im Mittelpunkt der Studie steht die Frage, ab welchem Alter Kinder verstehen, dass eine andere Person eine andere Auffassung über die Welt haben kann (bzw. in kognitionspsychologischen Begriffen: eine andere Repräsentation) als sie selbst. Darüber hinaus wurde untersucht, ab welchem Alter Kinder Täuschungsversuche verstehen und vorhersagen können. Die beiden Fragen hingen insofern miteinander zusammen, als ein Begriff von Täuschung ein Verständnis davon voraussetzt, dass Menschen die Welt anders sehen können als man selbst. Die Annahmen über die Denk- und Bewusstseinsvorgänge anderer Menschen werden im weitesten Sinne als *Theory of Mind* bezeichnet. Dazu führten die Autoren vier Experimente mit Kindern im Alter von 3–9 Jahren durch. Das erste Experiment beinhaltet die klassische Geschichte von Maxi und der Schokolade: In dieser wird dargestellt, wie ein Protagonist, Maxi, seine Schokolade in einer blauen Schachtel versteckt. Diese wird in seiner Abwesenheit in eine andere Schachtel gelegt. Nach seiner Rückkehr will Maxi seine Schokolade holen. Die Kinder werden gefragt, in welcher Schachtel Maxi suchen wird. Verfügt man über eine *Theory of Mind (ToM)*, wird man vorhersagen, dass Maxi dort suchen wird, wo er die Schokolade vorher hingelegt hat. Über alle Experimente hinweg zeigte sich, dass 3- bis 4-Jährige keine *ToM* besitzen und dass sie kein Verständnis von Täuschung haben, während sich diese im Alter von 4–6 Jahren entwickeln.

4.1 Ausgangspunkt und leitende Frage

Im Rahmen der kognitiven Wende in den 1960er und 1970er Jahren kam es zu einem verstärkten Fokus auf kognitive Mechanismen und mentale Prozesse, die den komplexeren geistigen Leistungen zugrunde liegen. In der Entwicklungspsychologie gab es seit Piaget ein Interesse daran, ab welchem Alter Kinder sich in andere Personen hineinversetzen und sie deren Perspektiven verstehen können. Piaget und Inhelder (1956) hatten in ihrem berühmten Drei-Berge-Versuch die Entwicklung der visuellen Perspektivenübernahme untersucht. Ihre Befunde legten nahe, dass Kinder im Kindergartenalter Schwierigkeiten haben, die visuelle Perspektive einer anderen Person zu übernehmen (d.h., sich vorzustellen, wie die gleiche Situation aus einer anderen räumlichen Perspektive aussehen könnte). Diese Einschränkung wurde von Piaget als *Egozentrismus* (nicht zu verwechseln mit Egoismus) bezeichnet, da das Kind auf seine eigene räumliche Perspektive zentriert sei.

Neben der Fähigkeit zur visuellen Perspektivenübernahme sind Menschen aber auch in der Lage, die mentalen Zustände anderer zu erkennen und zu verstehen. Anders ausgedrückt, wir verstehen, dass jemand etwas weiß, was ich nicht weiß, und andersherum. Darüber hinaus verstehen wir, dass Menschen aufgrund ihrer Überzeugungen über den Zustand der Welt bestimmte Handlungen ausführen. Ein Beispiel hierfür könnte so aussehen: Wenn ich weiß, dass mein Nachbar fälschlicherweise davon ausgeht, dass der Bäcker heute geöffnet ist, kann ich vorhersagen, dass er zum Bäcker gehen wird, wenn er Brot kaufen möchte. Diese Fähigkeit zur kognitiven Perspektivenübernahme ist nicht trivial, da man sich gleichzeitig konfligierender Informationen bewusst sein muss; dem eigenen Wissen um die Welt und dem Verständnis des Wissens bzw. der Annahmen einer anderen Person. In kognitionspsychologischen Begriffen würden wir sagen, dass jede der beteiligten Personen eine Repräsentation der Welt hat. Konkret bedeutet das, dass wenn ich davon ausgehe, dass das Objekt in Wirklichkeit im Schrank liegt, verfüge ich über eine Repräsentation des Objekts und seines Ortes - sowie eine Vermutung darüber, wie der Andere die Welt sieht. Das heißt, ich habe eine Repräsentation der Repräsentation einer anderen Person, also eine Meta-Repräsentation. Die natürliche Entwicklung der Fähigkeit zur Meta-Repräsentation ist aus Sicht vieler Psychologen eine typisch menschliche Leistung.

Um die Entwicklung des Verständnisses von mentalen Zuständen zu erforschen, untersuchte man beispielsweise, inwieweit junge Kinder im natürlichen Sprachgebrauch auf mentale Zustände verweisen (z.B. mentale Verben wie „wissen", „wollen", „mögen" nutzen). Dieser sog. *mentale Wortschatz* entwickelt sich stark zwischen dem 2. und 3. Lebensjahre (Bretherton/Beegley, 1982). Hier stellte sich jedoch die Frage, wie genau Kinder diese Begriffe letztlich verstehen. Ihr Gebrauch und ihr Verständnis des Wortes „wissen" könnte letztlich ein anderer sein als bei Erwachsenen. Und man fragte sich, ob man das Verständnis mentaler Zustände nicht auch anders untersuchen könnte.

In einem viel diskutierten Artikel stellten David Premack und Guy Woodruff (1978) folgende Frage: *„Does the chimpanzee have a theory of mind?"*. Zur Debatte stand, wie ein zweifelsfreier Nachweis möglich sei, dass ein Lebewesen ein Verständnis der mentalen Zustände anderer Person hat (d.h., über eine *ToM* verfügt). Eine zentrale Überlegung war, dass absichtliche Täuschungen im Rahmen kompetitiven Verhaltens einen Indikator für ein mentales Verständnis darstellen würden. Eine strategische Täuschung impliziert, dass man ein Verständnis der Überzeugung einer anderen Person hat und ihr Verhalten durch eine Induktion falscher Überzeugungen beeinflussen kann. Die reine Beobachtung einer Täuschungshandlung erlaubt aber keinen sicheren Rückschluss, ob die falsche Überzeugung absichtlich induziert wurde (Dennett, 1978). Im Zuge des Austausches und der Kommentare zu diesem Beitrag entwickelte sich die Idee eines Tests, der den Wechsel der Position eines Objektes beinhaltet, welches danach von seinem Besitzer gesucht wird. Diese Vorschläge wurden von Wimmer und Perner (1983) kongenial in der Schokoladengeschichte umgesetzt, mit der das Verständnis falscher Überzeugungen (*„false belief"*) erfasst werden kann und die bis heute als Standardtest für die Entwicklung einer *Theory of Mind* gilt.

4.2 Das Experiment im Detail

Aufbau

Wimmer und Perner führten eine Serie von vier Experimenten durch, die der Frage galten, ab welchem Alter Kinder ein Verständnis davon haben, dass jemand eine falsche Überzeugung hat, und inwieweit sie ein Verständnis von Täuschung haben. Im Folgenden wird das erste Experiment im Detail dargestellt; die weiteren Experimente werden jeweils nur kurz skizziert.

Der Aufbau des ersten Experimentes sah wie folgt aus: Um das Verständnis falscher Überzeugungen zu erfassen, wurden zwei Geschichten konstruiert. Beide Geschichten folgten dahingehend demselben Aufbau, dass ein Protagonist ein Objekt an einem bestimmten Ort (1) ablegt und in seiner Abwesenheit das Objekt zu einem anderen Ort (2) transferiert wird. Nach seiner Rückkehr möchte er das Objekt holen. In der Schokoladengeschichte, wie oben bereits kurz skizziert, ist Maxi der Protagonist. Maxi legt seine Schokolade in die blaue Box. Maxis Mutter legt die Schokolade unbeabsichtigt während seiner Abwesenheit in die grüne Box, sodass Maxi nun eine falsche Überzeugung darüber hat, wo sich die Schokolade befindet. Die 4- bis 9-jährigen Kinder werden nun gefragt, wo Maxi nach der Schokolade suchen wird. Falls man den (nun inkorrekten) Wissensstand des Protagonisten repräsentiert, lautet die korrekte Vorhersage, dass er in der blauen Box suchen würde. Falls man jedoch über keine *ToM* verfügt und sozusagen nur von seinem *eigenen* Wissensstand ausgehen kann, würde man vorhersagen, dass er in der grünen Box suchen wird.

Darüber hinaus wurde untersucht, inwieweit Kinder ihr Verständnis falscher Überzeugungen zur Vorhersage von kompetitivem oder kooperativem Verhalten nutzen können. Dazu wurden beiden Geschichten durch eine kooperative oder kompetitive Fortführung ergänzt. In der kooperativen Version bat Maxi seinen Großvater, ihm zu helfen, die Schokolade aus der Box zu holen. Großvater fragte Maxi, in welcher Box sich die Schokolade befände. Hier würde man also erwarten, dass Maxi gemäß seiner Überzeugung antwortet. In obigem Beispiel also mit der blauen Box. In der – theoretisch spannenderen – kompetitiven Version kommt der große Bruder von Maxi hinzu und möchte wissen, wo die Schokolade ist. Maxi ist besorgt, dass ihm sein Bruder die

Schokolade wegessen möchte, und beschließt daher, ihm nicht die Wahrheit zu sagen. Hier würde man also erwarten, dass Maxi ihm die in seiner Überzeugung falsche Box benennt (die ironischerweise die richtige ist), also die grüne Box. Die Geschichten wurden jeweils durch Kontrollfragen abgeschlossen, um sicherzustellen, dass sich die Kinder korrekt an den Ablauf erinnern konnten.

Das zweite Experiment untersuchte mögliche Schwierigkeiten im *False-belief*-Verständnis bei 3- bis 6-Jährigen. Zum einen sollte ausgeschlossen werden, dass eine erhöhte Impulsivität (d.h. schnelles Antworten ohne vorab darüber nachgedacht zu haben) zu falschen Antworten führt. Dazu wurde eine neue Bedingung (*Stop-and-Think*) eingeführt, in welcher die Kinder angeregt wurden, nochmal darüber nachzudenken, wo Maxi die Schokolade hinterlegt hatte, bevor sie die kritische *False-belief*-Frage beantworteten. Zum anderen wurde untersucht, ob die Überlappung zweier ähnlicher Repräsentationen (Schokolade ist in blauer Box vs. Schokolade ist in grüner Box) eine besondere Schwierigkeit darstellt. Dazu wurde in einer weiteren Bedingung (*Disappear*) die Schokolade völlig entfernt (die Mutter braucht die Schokolade vollständig auf) und nicht in die andere Box gelegt.

Das dritte und vierte Experiment untersuchten, inwieweit Kinder ein Verständnis von Täuschung haben. Im dritten Experiment wurde dazu eine zusätzliche Bedingung eingeführt, in welcher die Schokolade in die ursprüngliche Box zurückgelegt wurde, sodass der Protagonist keine falsche Überzeugung hatte. Um in der kompetitiven Version jedoch den Bruder zu täuschen, muss man verstehen, dass man bei einer anderen Person eine falsche Überzeugung induzieren muss. Im vierten Experiment wurde untersucht, ob die Kinder Täuschungsabsichten verstehen. Dazu wurden ihnen Geschichten erzählt, in denen u.a. jemand absichtlich eine falsche Antwort gibt, um jemand anderen zu täuschen. Die Kinder sollten einschätzen, ob die Antwort wahr ist.

Ergebnis und Interpretation

In Experiment 1 ergab sich, dass die Hälfte der 4- bis 5-Jährigen in beiden Geschichten die False-belief-Frage inkorrekt beantworteten, während beinahe alle 6- bis 9-Jährigen in beiden Fragen korrekt antworteten. Darüber hinaus zeigte sich, dass die Kinder, die die *False-belief*-Frage korrekt beantworteten, unabhängig vom Alter auch in der kompetitiven Version die erwartete Antwort gaben (d.h., den Bruder zu der aus Maxis Perspektive falschen Box führten). Ein Verständnis von falschen Überzeugungen ging also mit einem Verständnis von Täuschungsverhalten einher.

Experiment 2 zeigte, dass 3- bis 4-Jährige weder in der Nachdenkbedingung (*Stop-and-Think*) noch in der *Disappear*-Bedingung beide Fragen korrekt beantworteten. In der deutlichen Mehrheit der Trials lagen sie falsch. Die 4- bis 5-Jährigen schnitten in der *Disappear*-Bedingung besser ab als in der Standard-*false-belief*-Bedingung oder der Nachdenkbedingung (*Stop-and-Think*). Die 5- bis 6-Jährigen antworteten in beiden neuen Bedingungen in beiden Trials korrekt, während sie in der klassischen *False-belief*-Aufgabe etwa in der Hälfte der Fälle korrekt antworteten. Ein Hauptbefund von Experiment 2 ist die Bestätigung des bereits in Experiment 1 deutlich gewordenen Alterstrends, nach welchem sich die *ToM* gegen Ende des Kindergartenalters entwickelt.

Experimente 3 und 4 zeigten, dass insbesondere die 4- bis 5-Jährigen Schwierigkeiten hatten, täuschende Absichten zu verstehen und den Wahrheitsgehalt von Aussagen mit Täuschungsabsicht zu beurteilen. So äußerte beispielsweise die Mehrheit der 4- bis 5-Jährigen in Experiment 4, dass eine in Täuschungsabsicht vorgebrachte Aussage wahr sei. Im Gegensatz dazu war die Mehrheit der 5- bis 6-Jährige zu korrekten Antworten in der Lage.

Bedeutung und Bewertung

Die Aufgabe zu Maxi und der Schokoladentafel ist als die zentrale Aufgabe zur Erfassung der *Theory of Mind* im Kindesalter in die Geschichte der Entwicklungspsychologie eingegangen. Auf theoretischer Ebene gilt sie als Indikator für die wohl dem Menschen vorbehaltende Fähigkeiten, ein umfassendes Verständnis der mentalen Prozesse seiner Artgenossen, d.h. eine *ToM*, auszubilden. Obwohl unter vereinfachten Umständen rudimentäre Anzeichen schon bei Schimpansen gefunden werden können (Call / Tomasello, 2008), sind ihre sozial-kognitiven Fähigkeiten bei weitem nicht denen junger Kinder vergleichbar (Herrmann et al., 2007). Der Befund, dass sich die Fähigkeit zur Meta-Repräsentation über die vier Experimente hinweg in einem eng umschriebenen Zeitfenster entwickelt sowie der enge Zusammenhang zwischen dem Verständnis falscher Überzeugungen und dem Handhaben von Täuschungsabsichten wird als Indikator für einen konzeptuellen Entwicklungsschritt gesehen (Perner, 1991; Sodian, 2005). Das bedeutet, dass diese Fähigkeit nicht einfach durch eine quantitative Zunahme in Basisprozessen (z.B. mehr Gedächtnis, schnellere Informationsverarbeitung) erklärt wird, sondern ein *qualitativ neuartiges Verständnis* von geistigen Prozessen darstellt.

Die Arbeit von Wimmer und Perner (1983) hat eine unüberschaubare Anzahl an Folgestudien motiviert. Diese konzentrierten sich zum einen auf die Prozesse, die der Entstehung der *ToM* vorausgehen bzw. sie fördern. Drei Perspektiven seien an dieser Stelle benannt: Ein Fokus liegt auf dem Einfluss der sprachlichen Entwicklung. Das Ausmaß der von Müttern gebrauchten mentalen Sprache prädiziert die *ToM*-Entwicklung (Ruffman et al., 2002). Umstritten ist dabei, welche Rolle der Umfang des Wortschatzes und bestimmte syntaktische Fähigkeiten spielen (Schick et al., 2007). Nach De Villiers (2000) ist vor allem die Fähigkeit, Komplementsätze zu bilden (im Wesentlichen mit „dass“ eingeleitete Nebensätze, z.B. „ich denke, dass ...“) entscheidend. Erst durch diese in der Sprache bereitgestellte Struktur entstünde ein Format, in dem man die kognitiven Zustände anderer repräsentieren kann. In der Tat zeigten longitudinale Studien Zusammenhänge zwischen dem Verständnis von Komplementsätzen und der Entwicklung der *ToM*. Kritiker halten dem jedoch entgegen, dass dieser Zusammenhang durch das sprachliche Aufgabenformat der klassischen *ToM*-Aufgaben vermittelt sein könnte (Malle, 2002). Ein weiterer Fokus liegt auf kognitiven Kontrollprozessen. Verschiedene Studien zeigen Zusammenhänge von *ToM* mit inhibitorischer Kontrolle (Carlson / Moses, 2001), also der Fähigkeit einen präpotenten Impuls zugunsten einer anderen Reaktion zu unterdrücken. Diese Fähigkeit scheint eine zentrale Rolle zu spielen, da die eigene Überzeugung nicht mit dem Nachdenken über die Überzeugungen einer anderen Person interferieren sollte.

Eine dritter Fokus liegt auf Zusammenhängen zwischen sozialkognitiven Fähigkeiten im Kleinkindalter und der späteren Entwicklung einer *Theory of Mind*. Inwieweit wird ein Verständnis für die mentalen Zustände anderer Personen durch frühere Formen sozialen Verstehens und sozialen Handelns vorhergesagt? Hier zeigt sich beispielsweise, dass das Ausmaß, zu dem Kinder im Alter von 14 Monaten deklarative Zeigegesten an den Tag legen (siehe Kap. 13 zu Rowe und Goldin-Meadow), mit ihren *Theory of Mind*-Kompetenzen im Alter von 4 Jahren zusammenhängt (Sodian/Kristen-Antonow 2015). Dies scheint unabhängig von sprachlichen Fähigkeiten zu sein, spricht also für spezifische Zusammenhänge innerhalb der sozialen Domäne. Insgesamt scheint es so zu sein, dass ein komplexes Bedingungsgeflecht von unterschiedlichen psychologischen Prozessen zur Entwicklung der *ToM* beiträgt.

Eine Erforschung der der *ToM* vorauslaufenden Verständnisprozessen zeigte, dass bereits jüngere Kinder ab etwa 3 Jahren ein Verständnis von unterschiedlichen Bedürfnissen haben, d.h. verstehen können, dass eine andere Person etwas anderes mag als man selbst (für eine Übersicht siehe Wellman/Liu, 2004). Da sie jedoch noch kein Verständnis von falschen Überzeugungen haben, spricht man im Englischen davon, dass Kinder in diesem Alter eine intuitive *„desire psychology"* besitzen. Mit der Entwicklung der *ToM* und des Verständnisses von Überzeugungen wird diese zu einer *„belief-desire psychology"* erweitert. Nach Ansicht vieler Entwicklungspsychologen ist die *„belief-desire psychology"* unsere Alltagspsychologie (*„folk psychology"*), anhand derer wir das Verhalten anderer Menschen verstehen (z.B. weil Anna Hunger hat [*„desire"*] und weil sie glaubt, dass im Kühlschrank etwas Essbares liegt [*„belief"*], öffnet sie den Kühlschrank). Die Entwicklung der *ToM* stellt somit einen zentralen Aspekt unserer Alltagspsychologie dar (Moore, 2006).

Die Fähigkeit zur kognitiven Perspektivenübernahme hat einen bedeutenden Einfluss auf die weitere Entwicklung. Zum einen finden sich Zusammenhänge mit schulrelevanten Fähigkeiten und schulischen Leistungen (Astington/Pelletier, 1996; Lecce et al., 2014). Zum anderen gehen höhere *ToM*-Fähigkeiten mit größerer Beliebtheit bei Gleichaltrigen einher (Slaughter et al., 2002). Auch im Bereich der moralischen Entwicklung spielt die *ToM* eine Rolle. Die Fähigkeit, zwischen absichtlichem und unabsichtlichem Handeln zu unterscheiden ist für ein ausgewogenes moralisches Urteil entscheidend (Killen et al., 2011). Gerade im Strafrecht spielt es eine zentrale Rolle, ob jemand eine strafbare Handlung bewusst ausgeführt hat oder z.B. die Überzeugung hatte, damit etwas Gutes zu tun. Insgesamt zeigt sich, dass höhere *ToM*-Kompetenzen mit einer Reihe von positiven Effekten in der sozialen und kognitiven Entwicklung einhergehen. Kein Wunder, dass sich die

Forschung intensiv mit der Frage beschäftigt hat, wie die *Theory of Mind* im Kindesalter gefördert werden kann (Kloo/Perner, 2008).

Als letzter Punkt sei hier erwähnt, dass die Forschung zur *Theory of Mind* zu einem verstärkten Interesse an der Entwicklung des Wissensbegriffs geführt hat. Wann verstehen Kinder, dass jemand etwas weiß? Hängt Wissen immer mit direkter Wahrnehmung zusammen oder kann man auch auf andere Weise Wissen erlangen? Für 4- bis 5-Jährige scheint Wissen auf direkten perzeptuellen Zugang zur Information beschränkt zu sein (d.h., nur der weiß etwas, der dies auch direkt gesehen hat), während ältere Kinder auch verstehen, dass man durch logisches Schlussfolgern Wissen erlangen kann (Sodian/Wimmer, 1987). Ein analoges Forschungsinteresse gilt der Entwicklung der Metakognition, d.h. des Wissens über die eigenen Denkvorgänge und Wissensbestände. Auch hier würden wir von Meta-Repräsentation sprechen, da man seine eigenen Repräsentationen repräsentiert. Sokrates' berühmter Satz „Ich weiß, dass ich nicht weiß." ist hierfür ein schönes Beispiel. Interessant ist, dass sich die explizite Metakognition im gleichen Altersbereich entwickelt (Rohwer et al., 2012) und eng mit der *ToM* verbunden zu sein scheint (Lockl/Schneider, 2006). Dies spricht nach Ansicht einiger Autoren dafür, dass beide Fähigkeiten von einem gemeinsamen, grundlegenden Verständnis für mentale Zustände (bei sich oder anderen) getragen werden (Carruthers, 2009).

In den letzten Jahren kam es zu einer aufgeregten Debatte innerhalb der *Theory-of-Mind*-Forschung. In einer viel beachteten Studie legten Onishi und Baillargeon (2005) nahe, dass bereits 15 Monate alte Kinder über ein Verständnis von falschen Überzeugungen verfügen. In ihrer Studie griffen sie auf das Habituationsparadigma zurück, welche sich eng an den Ablauf der Originalstudie von Wimmer und Perner (1983) anlehnte. Säuglinge guckten länger, wenn eine Person zu einer Box griff, in der diese das Objekt eigentlich nicht vermuten sollte. Die Autorinnen interpretierten ihren Befund als Evidenz dafür, dass die Babys erwarteten, dass eine Person gemäß einer falschen Überzeugung handelt. Ähnliche Befunde liegen mittlerweile aus antizipatorischen Blickparadigmen (Southgate et al., 2007) sowie Hilfeverhalten (Buttelmann et al., 2009) vor. Diese Befunde sorgen für intensive Debatten, da sie grundlegende Annahmen über die *ToM*-Entwicklung über den Haufen zu werfen scheinen. Wird mithilfe der impliziten Maße die gleiche Art von Wissen erfasst wie in den sog. expliziten Maßen oder geht es um eine Art implizites Wissen, das sich seiner Natur nach von expliziter Kenntnis unterscheidet?

Jedoch ist hier noch große Zurückhaltung angebracht. Zum einen ist die empirische Beziehung zu der expliziten *ToM* nicht klar. Erste Studien weisen auf mögliche Zusammenhänge zwischen dem sog. impliziten Verständnis falscher Überzeugungen und der späteren expliziter *Theory of Mind* hin (z.B. Thoermer et al., 2012; Sodian et al., 2016), was für eine konzeptuelle Kontinuität sprechen würde. Andere Studien fanden dahingegen, dass unterschiedliche Versionen der impliziten Aufgaben zum Verständnis falscher Überzeugungen, anders als die expliziten, nicht miteinander zusammenhängen (Oktay-Gür et al., 2018). Dies würde dafür sprechen, dass die sog. implizite *ToM* keine einheitliche Kompetenz darstellt. Für einen Überblick siehe Sodian (2016).

Darüber hinaus hat sich in den letzten Jahren eine sehr intensive Debatte um die Replizierbarkeit der Befunde zur impliziten *ToM* entsponnen. Einige Forschergruppen berichteten davon, dass sie die ursprünglichen Befunde gar nicht oder nur in weniger relevanten Aspekten replizieren konnten (Dörrenberg et al., 2018; Grosse-Wiesmann et al., 2018; Kulke et al., 2018; Schuwerk et al., 2018; für einen Überblick siehe das *Special Issue* in *Cognitive Development*; Sabbagh/Paulus, 2018). Im Gegensatz zu der seit Jahrzehnten gut etablierten und vielfach replizierten Forschung zur expliziten *Theory of Mind* scheint es momentan noch unklar, ob ein implizites Verständnis falscher Überzeugungen überhaupt existiert und, falls ja, was es bedeutet. Hierzu laufen gerade mehrere große entwicklungspsychologische Forschungsprojekte, die dieser Frage nachgehen.

Die Forschung zur Entwicklung der Theory of Mind betrifft eine der prominentesten und zugleich faszinierendsten Fragen der Entwicklungspsychologie. Wie ist es möglich, dass Menschen die Fähigkeit entwickeln, über das Denken bzw. Wissen anderer Menschen nachzudenken? Die Studie von Wimmer und Perner (1983) nimmt eine Schlüsselstellung ein, da sie diese Frage so systematisch angegangen ist, dass sie Ausgangspunkt einer Forschungstradition wurde. Darüber hinaus hat sie durch die Schokoladengeschichte einen methodischen Zugang entwickelt, der bis heute als Standard in der Forschung gilt. Schlussendlich hat sie eine Antwort vorgeschlagen, die bis heute im Feld an vorderster Stelle diskutiert wird.

4.3 Lernen und Lesen

1. Inwiefern erlaubt die Schokoladengeschichte eine Untersuchung, ob ein Kind über eine Theory of Mind verfügt?
2. Was meint man mit der Aussage, dass die Theory-of-Mind-Entwicklung einen konzeptuellen Entwicklungsschritt bedeutet?
3. Was meinen Forscher, wenn sie von Befunden zu einer impliziten ToM sprechen, und inwiefern sind diese Befunde umstritten?

Video „Theory of Mind - Smarties Task and Sally-Anne Task": www.youtube.com/watch?v=41jSdOQQpv0

Video „The 'False Belief' Test: Theory of Mind": www.youtube.com/watch?v=8hLubgpY2_w

Astington, J. W., & Pelletier, J. (1996). The language of mind: Its role in teaching and learning. In D. R. Olson & N. Torrance (Eds.), The handbook of education and human development (pp. 593–620). Oxford, England: Blackwell.

Bretherton, I., & Beeghly, M. (1982). Talking about internal states: The acquisition of an explicit theory of mind. Developmental Psychology, 18(6), 906–921. doi: 10.1037/0012-1649.18.6.906

Buttelmann, D., Carpenter, M., & Tomasello, M. (2009). Eighteen-month-old infants show false belief understanding in an active helping paradigm. Cognition, 112(2), 337–342. doi: 10.1016/j.cognition.2009.05.006

Call, J., & Tomasello, M. (2008). Does the chimpanzee have a theory of mind? 30 years later. Trends in Cognitive Sciences, 12(5), 187–192. doi: 10.1016/j.tics.2008.02.010

Carlson, S. M., & Moses, L. J. (2001). Individual differences in inhibitory control and children's theory of Mind. Child Development, 72(4), 1032–1053. doi: 10.1111/1467-8624.00333

Carruthers, P. (2009). How we know our own minds: The relationship between mindreading and metacognition. Behavioral and Brain Sciences, 32(2), 121–138. doi: 10.1017/S0140525X09000545

De Villiers, J. (2000). Language and theory of mind: What are the developmental relationships. In S. Baron-Cohen, H. Tager-Flusberg, & D. J. Cohen (Eds.), Understanding other minds: Perspectives from developmental cognitive neuroscience (pp. 84–102). New York, NY, US: Oxford University Press.

Dennett, D. C. (1978). Beliefs about beliefs [P&W, SR&B]. Behavioral and Brain Sciences, 1(4), 568–570. doi: 10.1017/S0140525X00076664

Dörrenberg, S., Rakoczy, H., & Liszkowski, U. (2018). How (not) to measure infant theory of mind: Testing the replicability and validity of four non-verbal measures. Cognitive Development, 46, 12–30. doi: 10.1016/j.cogdev.2018.01.001

Grosse-Wiesmann, C., Friederici, A. D., Disla, D., Steinbeis, N., & Singer, T. (2018). Longitudinal evidence for 4-year-olds' but not 2- and 3-year-olds' false belief-related action anticipation. Cognitive Development, 46, 58–68. doi: 10.1016/j.cogdev.2017.08.007

Herrmann, E., Call, J., Hernandez-Lloreda, M. V., Hare, B., & Tomasello, M. (2007). Humans have evolved specialized skills of social cognition: The cultural intelligence hypothesis. Science, 317(5843), 1360–1366.

Killen, M., Lynn-Mulvey, K., Richardson, C., Jampol, N., & Woodward, A. (2011). The accidental transgressor: Morally-relevant theory of mind. Cognition, 119(2), 197–215. doi: 10.1016/j.cognition.2011.01.006

Kloo, D., & Perner, J. (2008). Training theory of mind and executive control: A tool for improving school achievement? Mind, Brain, and Education, 2(3), 122–127. doi: 10.1111/j.1751-228X.2008.00042.x

Kulke, L., Reiß, M., Krist, H., & Rakoczy, H. (2018). How robust are anticipatory looking measures of theory of mind? Replication attempts across the life span. Cognitive Development, 46, 97–111. doi: 10.1016/j.cogdev.2017.09.001

Lecce, S., Caputi, M., & Pagnin, A. (2014). Long-term effect of theory of mind on school achievement: The role of sensitivity to criticism. European Journal of Developmental Psychology, 11(3), 305–318. doi: 10.1080/17405629.2013.821944

Lockl, K., & Schneider, W. (2006). Precursors of metamemory in young children: The role of theory of mind and metacognitive vocabulary. Metacognition and Learning, 1(1), 15–31. doi: 10.1007/s11409-006-6585-9

Malle, B. F. (2002). The relation between language and theory of mind in development and evolution. In T. Givón & B. T. Malle (Eds.), The evolution of language out of pre-language (pp. 265–284). Amsterdam: Benjamins.

Moore, C. (2006). The development of commonsense psychology. Mahwah, NJ, US: Lawrence Erlbaum.

Oktay-Gür, N., Schulz, A., & Rakoczy, H. (2018). Children exhibit different performance patterns in explicit and implicit theory of mind tasks. Cognition, 173, 60–74. 10.1016/j.cognition.2018.01.001.

Onishi, K. K., & Baillargeon, R. (2005). Do 15-month-old infants understand false beliefs? Science, 308(5719), 255–258. doi: 10.1126/science.1107621

Perner, J. (1991). Understanding the representational mind. Learning, development, and conceptual change. Cambridge, MA, US: The MIT Press. doi: 10.1126/science.1089357

Piaget, J., & Inhelder, B. (1956). The child's conception of space. London: Routledge & K. Paul. doi: 10.4324/9780203715642

Premack, D., & Woodruff, G. (1978). Does the chimpanzee have a theory of mind? Behavioral and Brain Sciences, 1(04), 515. doi: 10.1017/S0140525X00076512

Rohwer, M., Kloo, D., & Perner, J. (2012). Escape from metaignorance: How children develop an understanding of their own lack of knowledge. Child Development, 83(6), 1869–1883. doi: 10.1111/j.1467-8624.2012.01830.x

Ruffman, T., Slade, L., & Crowe, E. (2002). The relation between children's and mothers' mental state language and theory-of-mind understanding. Child Development, 73(3), 734–751. doi: 10.1111/1467-8624.00435

Sabbagh, M. A., & Paulus, M. (2018). Replication studies of implicit false belief with infants and toddlers. Cognitive Development, 46, 1–3. doi: https://doi.org/10.1016/j.cogdev.2018.07.003

Schick, B., De Villiers, P., De Villiers, J., & Hoffmeister, R. (2007). Language and theory of mind: A study of deaf children. Child Development, 78(2), 376–396. doi: 10.1111/j.1467-8624.2007.01004.x

Schuwerk, T., Priewasser, B., Sodian, B., & Perner, J. (2018). The robustness and generalizability of findings on spontaneous false belief sensitivity: A replication attempt. Royal Society Open Science, 5(5), 172273. doi: 10.1098/rsos.172273

Slaughter, V., Dennis, M. J., & Pritchard, M. (2002). Theory of mind and peer acceptance in preschool children. British Journal of Developmental Psychology, 20, 545–564. doi: 10.1348/026151002760390945

Sodian, B. (2016). Is false belief understanding continous from infancy to preschool age? In D. Banner & A. S. Baron (Eds.), Core knowledge and conceptual changes (pp. 302–321). Oxford: Oxford University Press.

Sodian, B. (2005). Theory of mind. The case for conceptual development. In W. Schneider, R. Schumann-Hengsteler, & B. Sodian (Eds.), Young children's cognitive development. Interrelationships among working memory, theory of mind, and executive functions (pp. 95–103). Hillsdale, NJ: Erlbaum.

Sodian, B., & Kristen-Antonow, S. (2015). Declarative joint attention as a foundation of theory of mind. Developmental Psychology, 51(9), 1190–1200. doi: 10.1037/dev0000039

Sodian, B., Licata, M., Kristen-Antonow, S., Paulus, M., Killen, M., & Woodward, A. (2016). Understanding of goals, beliefs, and desires predicts morally relevant theory of mind: A longitudinal investigation. Child Development, 87(4), 1221–1232. doi: 10.1111/cdev.12533

Sodian, B., & Wimmer, H. (1987). Children's understanding of inference as a source of knowledge. Child Development, 58(2), 424. doi: 10.2307/1130519

Southgate, V., Senju, A., & Csibra, G. (2007). Action anticipation through attribution of false belief by 2-year-olds. Psychological Science, 18(7), 587–592. doi: 10.1111/j.1467-9280.2007.01944.x

Thoermer, C., Sodian, B., Vuori, M., Perst, H., & Kristen, S. (2012). Continuity from an implicit to an explicit understanding of false belief from infancy to preschool age. British Journal of Developmental Psychology, 30(1), 172–187. doi: 10.1111/j.2044-835X.2011.02067.x

Wellman, H. M., & Liu, D. (2004). Scaling of theory-of-mind tasks. Child Development, 75(2), 523–541. doi: 10.1111/j.1467-8624.2004.00691.x
Wimmer, H., & Perner, J. (1983). Beliefs about beliefs: Representation and constraining function of wrong beliefs in young children's understanding of deception. Cognition, 13(1), 103–128. doi: 10.1016/0010-0277(83)90004-5

5 Aus den Augen, aus dem Sinn? Oder existieren Objekte für Säuglinge weiter, auch wenn sie sie nicht mehr sehen?

Eine Studie von Baillargeon und Kollegen zur Objektpermanenz

Quelle:
Baillargeon, R., Spelke, E. S., & Wasserman, S. (1985). Object permanence in five-month-old infants. Cognition, 20(3), 191–208.

Kurzbiografie:
Renée Baillargeon wurde 1951 in Quebec (Kanada) geboren. Sie studierte Psychologie an der McGill University in Montreal und der University in Pennsylvania, wo sie auch 1981 promovierte. Seit 1983 ist sie Professorin für Psychologie an der University of Illinois at Urbana-Champaign. 2015 wurde sie zum Mitglied der Nationalen Akademie der Wissenschaften der USA gewählt.

Wir Erwachsenen gehen davon aus, dass unsere Welt aus festen Objekten besteht, die unabhängig von unserem Zutun existieren und auch dann weiter bestehen, wenn wir sie gerade nicht wahrnehmen. Aber wie ist dies für Säuglinge? Besitzen sie auch das Konzept von Objekten, die unabhängig von ihrem Zutun und ihrer Wahrnehmung existieren (Objektpermanenz)? Um dies zu untersuchen, präsentierten Baillargeon und Kollegen (1985) 4–5 Monate alten Säuglingen Ereignisse, die entweder im Einklang mit dem Prinzip der Objektpermanenz waren oder es verletzten (ein Objekt bewegte sich trotz eines von ihm verdeckten Hindernisses weiter, als ob das Hindernis nicht mehr bestehen würde). Die Kinder schauten bei Darbietung des letzteren Ereignisses länger zu. Dies wird als Überraschung und Verletzung einer Erwartung interpretiert. Bereits Säuglinge scheinen zu erwarten, dass Objekte weiter existieren, selbst wenn man sie gerade nicht sieht, und dass sie sich nicht durch Hindernisse hindurch bewegen können.

5.1 Ausgangspunkt und leitende Frage

Den Hintergrund der Arbeit von Baillargeon et al. bildet die Entwicklungstheorie Piagets, nach welcher Säuglinge im ersten Lebensjahr über keine Objektpermanenz verfügen. Piaget (1974) ging davon aus, dass Säuglinge vollständig im Hier und Jetzt leben. Unmittelbare perzeptuelle Eindrücke und die daran anschließenden Handlungen bestimmen die Psychologie des Kindes. Nicht mehr sichtbare Objekte hören für das Kind auf zu existieren. Das bekannteste Beispiel ist der A-nicht-B-Suchfehler, der bei 8–12 Mo-

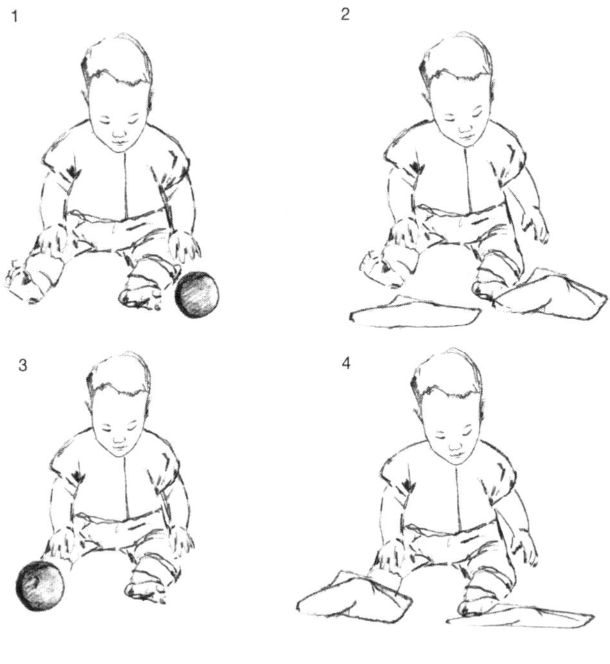

Abb. 5.1: Darstellung des A-nicht-B-Suchfehlers (nach Piaget, 1974). **1** Ein Objekt wird an Ort A unter einem Tuch versteckt; **2** das Kind findet das Objekt an Ort A; **3** vor den Augen des Kindes wird das Objekt an Ort B versteckt; **4** Kinder greift dennoch nach Ort A.

nate alten Kinder genauer untersucht wurde. In diesem Paradigma wird ein Objekt (z.B. ein Spielzeug) an Ort A unter einem Tuch versteckt. Das Kind spielt in der Situation und findet das Objekt an Ort A (Abb. 5.1, 1 und 2). Vor den Augen des Kindes wird das Objekt nun an Ort B versteckt. Der interessante Befund ist, dass die Kinder nichtsdestoweniger nach Ort A greifen (Abb. 5.1, 3 und 4). Piaget schloss daraus, dass Säuglinge über eine noch unzureichende Objektpermanenz verfügen. Sie können das Objekt nicht an dem neuen Ort B repräsentieren und wiederholen daher die Handlung, die vorher das Objekt hervorgebracht hat (d.h., greifen wiederholt zu Ort A; Abb. 5.1).

In der Auseinandersetzung mit und im Abrücken von Piagets Theorie wurden alternative Erklärungen in den Raum gestellt. Es könnte sein, dass es jungen Kindern einfach schwerfällt, ihre eigenen Handlungen zu koordinieren, insbesondere wenn es um Mittel-Zweck-Relationen geht; hier müssen sie erst das Tuch entfernen, um dann nach dem Objekt greifen zu können. Anders ausgedrückt könnte man sich fragen, ob uns der A-nicht-B-Suchfehler vielleicht eher ein Problem der Handlungskontrolle (d.h. der motorischen Entwicklung) anzeigt und nicht des Wissens um das Objekt, d.h. der kognitiven Entwicklung.

Diese Frage schien durch eine methodische Revolution im Bereich der Säuglingsforschung beantwortbar. Durch die Einführung und Adaptation der Habituationsmethode zur Erfassung dessen, was junge Kinder verstehen, schien eine neue Möglichkeit zur Erfassung der kognitiven Entwicklung bereitgestellt, die nicht auf eine Beobachtung der Handlungen von Kindern beschränkt ist. Diese machte sich eine Messung der kindlichen Blickzeiten als Maß für Erwartungsverletzungen zunutze (siehe „Unter der Lupe“).

Unter der Lupe: Habituation und das Violation-of-Expectation-(VoE-)Paradigma

Das Violation-of-Expectation-(VoE-)Paradigma nutzt eine Messung der kindlichen Blickzeiten, um auf Wissen im Kleinkindalter zu schließen. Es gibt verschiedene Ausgestaltungen dieser Methode. Die meisten Ansätze greifen auf eine Habituationsphase und eine Testphase zurück. Zumeist sitzen die Kinder vor einer Art kleiner Bühne oder einem Bildschirm, auf welchem wiederholt bestimmte Ereignisse dargeboten werden.

In einer Habituationsphase werden die Kinder an ein bestimmtes Ereignis habituiert (d. h., gewöhnt). In der Regel wird ihnen dieses Ereignis so lange gezeigt, bis ihre Blickzeit unter ein vorab gesetztes Kriterium fällt (z. B. eine Reduktion der Blickzeit um 50 % gemittelt über die letzten drei Trials verglichen mit der gemittelten Blickzeit in den ersten drei Trials). Sobald die Kinder habituiert sind, wird die Testphase eingeleitet. In der Testphase werden die Kinder mit zwei Ereignissen konfrontiert, von denen das eine ihre Erwartung verletzen sollte (z. B. lässt eine Hand ein Objekt los, welches danach nicht zu Boden fällt). Das andere Ereignis dient als Kontrolle und sollte keine Erwartungsverletzung darstellen; ist also den Ereignissen der Habituationsphase ähnlich (z. B. das Objekt fällt zu Boden, wenn es losgelassen wird). Die kindliche Blickzeit zu beiden Ereignissen wird analysiert. Sollten die Kinder länger auf das kritische Ereignis als auf das Kontrollereignis schauen, wird dies als Überraschung interpretiert. Die Überraschung deutet an, dass die Kinder etwas anderes erwartet hätten, sie also über bestimmte Erwartungen und damit Wissen verfügen.

Baillargeon und Kollegen (1985) nutzen nun dieses Paradigma, um der Frage nachzugehen, ob bereits jüngere Kinder (als von Piaget angenommen) über ein Verständnis der Permanenz von Objekten verfügen.

5.2 Das Experiment im Detail

Aufbau

Die Studie folgte einem experimentellen Design und bestand aus zwei Gruppen (Experimentalgruppe und Kontrollgruppe) von 4–5 Monate alten Säuglingen. Der Aufbau sah folgendermaßen aus: Eine Art hölzerne Blende (eine an einer Seite am Tisch befestigte Holzplatte), die um 180° rotiert werden konnte, lag zu Beginn flach auf dem Tisch. In der Habituationsphase sahen Kinder, wie sich die Blende 180° vor- und zurückdrehte, sodass sie zu Beginn und Ende einer Drehung jeweils flach auf dem Tisch auflag. Sobald die Kinder an die Situation habituiert waren, begann die Testphase. In der Testphase wurde hinter der Blende eine gelbe Box platziert. Den Kindern wurden zwei unterschiedliche Typen von Testtrials gezeigt; in beiden lag die Blende zu Beginn und Ende der Trials flach auf dem Tisch. Im sog. *Possible Event* (mögliches Ereignis) sahen die Kinder, wie die Blende rotierte, auf Höhe der

Box (d.h., wenn sie sie berühren müsste) stoppte und wieder in den Ausgangszustand zurückrotierte. Im sog. *Impossible Event* (unmögliches Ereignis) sahen die Kinder, wie sich die Blende weiter bewegte, als ob die Box nicht existieren würde (die AutorInnen hatten durch ein ausgeklügeltes System eine flüssige Bewegung sichergestellt), bevor sie in den Ausgangszustand zurückrotierte und die Box wieder sichtbar war. Insgesamt wurden den Kindern drei Paare von Testtrials gezeigt, die jeweils aus einem möglichen und einem unmöglichen Ereignis bestanden. Damit wurde die folgende Hypothese geprüft: Falls die Kinder ein Verständnis von Objektpermanenz und der Solidität (d.h., Undurchdringbarkeit) von Objekten haben, sollten sie es als unmöglich ansehen, dass die Blende einfach weiterrotiert, wenn die Box erreicht wurde (daher die Bezeichnung „unmögliches Ereignis“). Daher sollten sie länger auf das unmögliche als auf das mögliche Ereignis blicken. Falls sie jedoch über keine Objektpermanenz verfügen, sollten sie länger auf das mögliche Ereignis schauen, da die nicht durchgängige Rotation sich zur Rotation in der Familiarisierungsphase unterschied und damit ungewohnter sei.

Es könnte aber sein, dass die Kinder länger auf das unmögliche Ereignis blicken, da sie eine komplette Rotation um 180° spannender finden. Das heißt, unabhängig davon, ob sich eine Box hinter der Blende befindet, könnten Säuglinge länger auf das *Impossible Event* schauen als auf das *Possible Event*. Falls dem so wäre, würde das Experiment nichts über die Objektpermanenz aussagen. Um diese alternative Erklärung auszuschließen, führten Baillargeon et al. ein Kontrollexperiment durch. Das Kontrollexperiment folgte dem gleichen Design wie das Hauptexperiment mit dem großen Unterschied, dass die gelbe Box nicht hinter der Blende stand, sondern daneben.

Ergebnis und Interpretation

Die Analyse der Blickzeiten der Hauptstudie ergab, dass die Kinder in allen drei Paaren von Testtrials länger auf das *Impossible Event* als auf das *Possible Event* guckten. Anders sah es jedoch im Kontrollexperiment aus: Hier zeigte sich keine durchgängige Präferenz für eines der beiden Testtrials. Insgesamt scheinen die Ergebnisse dafür zu sprechen, dass die Kinder überrascht waren, dass sich die Blende trotz der dahinter stehenden Box weiterbewegte.

Bedeutung und Bewertung

Die große Bedeutung der Studie von Baillargeon und Kollegen (1985) liegt in ihrem direkten Widerspruch zu zentralen Annahmen der piagetschen Entwicklungstheorie. Nach Piaget (1974) entwickelt sich die Objektpermanenz gegen Ende des ersten Lebensjahres. Für jüngere Kinder würde das Objekt, sobald es nicht mehr sichtbar sei, quasi nicht mehr existieren. Die Befunde von Baillargeon et al. brachten nun indirekte Evidenz dafür, dass für jüngere Säuglinge Objekte weiterexistieren, auch wenn sie nicht mehr sichtbar sind. Weitere Studien erbrachten ähnlich Befundmuster schon bei 3–4 Monate alten Säuglingen (z.B. Baillargeon, 1987).

Neben der inhaltlichen Bedeutung bestärkte die Studie auch die Überzeugung, dass junge Kinder mehr zu wissen scheinen, als sie in ihren Handlungen ausdrücken können. Dieses Wissen sei über sog. implizite oder indirekte Maße (z.B. Messung des Blickverhaltens) erfassbar. Dies führte zu einem enormen Aufschwung der experimentellen Säuglingsforschung. Die visuelle Habituationsmethode und das damit verknüpfte Erwartungsverletzungsparadigma wurden zu dem am häufigsten gewählten methodischen Zugang, um kognitive Kompetenzen und präverbales Wissen im Säuglingsalter zu erforschen.

Über den Bereich der Objektpermanenz hinausgehend wurden ähnliche Studien durchgeführt, in denen z.B. das Verständnis von Kausalität (Leslie/Keeble, 1987), Objektbewegungen (Träuble/Pauen, 2011) und anderen Naturgesetzlichkeiten (Baillargeon, 2002) mithilfe der Blickzeitmessungen erfasst wurden. Da viele Untersuchungen mit jungen Säuglingen durchgeführt wurden, von denen man annahm, dass sie das gezeigte Wissen nicht durch Lernen erworben haben konnten, trug dies zur Entwicklung nativistischer Ansätze bei. So geht z.B. die Kernwissenstheorie davon aus, dass es bestimmte evolutionär erworbene Wissensbestände gibt, die Menschen angeboren sind (Spelke/Kinzler, 2007). Da dieses Kernwissen fundamentale Aspekte der Wirklichkeit betrifft (hier das Fortbestehen von Objekten, auch wenn diese nicht sichtbar sind), sei es ein evolutionärer Vorteil, wenn dieses Wissen vererbt würde.

Zugleich gibt es auch anhaltende Kritik an der Interpretation der Befunde. Diese beziehen sich zum einen auf die Methode, zum anderen auf die theoretischen Schlussfolgerungen. Die Messung der Blickzeiten bzw. die Habituations-/Dishabituationsmethode wurde ursprünglich entwickelt, um die Ontogenese der visuellen Wahrnehmung zu erforschen (Haith, 1998). Noch bis zur Mitte des letzten Jahrhunderts war wenig darüber bekannt, wie gut und was Säuglinge im ersten Lebensjahr eigentlich sehen können. Zum Beispiel fragte man sich, ob Säuglinge zwischen unterschiedlich gemusterten Objekten unterscheiden können bzw. wie ihre Sehschärfe ist. Dazu präsentierte man ihnen wiederholt ein Objekt mit Muster, bis ihre Blickzeit unter einen bestimmten Schwellenwert fiel. Danach wurde ein neuartig gemustertes Objekt dargeboten. Falls Kinder einen Unterschied zum vorherigen Objekt erkennen konnten, würde man dies anhand einer zunehmenden Blickzeit sehen. Die Habituationsmethode verhilft uns zu einem besseren Verständnis der Wahrnehmungsleistung im Säuglingsalter (Schwarzer/Zauner, 2003). Jedoch ist ihre Anwendung auf Fragen zur kognitiven Entwicklung umstritten. Nach Ansicht der Kritiker zeigt uns die Blickzeitmessung vor allem, dass Kinder *irgendeine* Veränderung wahrnehmen. Dabei bleibt aber aufgrund der doch oft recht komplexen Versuchsaufbauten offen, was genau ihre Blickzeitveränderung auslöst. In einer auf Baillargeon et al. aufbauenden Folgeuntersuchung führten Bogartz und Kollegen (2000) weitere Manipulationen in den Habituations- und Testtrials durch. Die Autoren kamen zum Schluss, dass die Unterschiede in der Blickzeit nicht auf ein Verständnis der Objektpermanenz, sondern auf unterschiedliche perzeptuelle Präferenzen (für Neues bzw. schon Gesehenes) zurückzuführen sind. Für manche Forscher scheint der Schluss auf zugrunde liegende Wissensstrukturen also als zu spekulativ und nicht gerechtfertigt (Haith, 1998).

Diese Unsicherheit in der methodologischen Einschätzung der Ergebnisse aus Blickzeitstudien wird verstärkt durch wiederholt gefundene Dissoziationen zwischen Ergebnissen aus Blickzeitstudien und Handlungsmaßen bei älteren Kindern. Zum Beispiel zeigten Spelke und Kollegen (1992), dass 2–4 Monate alte Kinder länger hinschauten, wenn ein Objekt sich scheinbar durch ein anderes hindurchbewegte. Daraus schlussfolgerten sie, dass das Prinzip der Solidität von Objekten angeborenes Kernwissen sei. In einer Handlungsaufgabe mit 2-Jährigen zeigte sich jedoch keine

Evidenz dafür, dass die Kinder erwarten würden, dass sich ein Objekt nicht durch ein anderes hindurchbewegen könne (Hood et al., 2000). Da 2-Jährige über die notwendigen motorischen Kompetenzen verfügen, kann ihr Scheitern in der Handlungsaufgabe (anders als bei Säuglingen im ersten Lebensjahr) nicht mit ihren mangelnden motorischen Fertigkeiten erklärt werden. In anderen Studien wurden Kindergartenkinder explizit nach ihrem Verständnis physikalischer Regelmäßigkeiten gefragt. Auch hier zeigt sich, dass die Kinder (teilweise bis zum Alter von 6 Jahren) in Bereichen nicht korrekt antworteten, die in Blickzeitstudien wenige Monate alten Säuglingen als Kernwissen zugesprochen werden (Krist, 2013; Krist et al., 2016). Diese große Altersdifferenz ist nicht einfach durch mangelnde Inhibition oder eingeschränkte motorische Fähigkeiten zu erklären und hat zu einer Debatte geführt, was genau mit der Habituations-/Dishabituationsmethode gemessen wird.

Ein zweiter Punkt betrifft die theoretische Interpretation der Befunde von Baillargeon und Kollegen. Genau wie Piaget stellten sie die Frage, ab welchem Alter Kinder Objektpermanenz besitzen, d.h., in welchem Alter dieses Verständnis vorhanden oder nicht vorhanden ist. Beide Ansätze ähneln sich in der Annahme, dass es sich bei der Objektpermanenz um eine Art Wissen handelt, das entweder vorhanden oder nicht vorhanden ist. Die Diskrepanz zwischen den Befunden aus den Studien, die Blickzeitmaße oder Handlungsmaße nutzen, könnte jedoch auch darauf hindeuten, dass es verschiedene Ausprägungen von Objektpermanenz gibt, die zudem in unterschiedliche psychische Prozesse (z.B. visuelle Wahrnehmung, Handlungssteuerung) eingebettet sind (Munakata et al., 1997). So könnten die Befunde von Baillargeon et al. auf eine eher schwache, rein visuelle Repräsentation von Objekten verweisen, die man sich vielleicht wie eine Art visuelles Nachbild vorstellen könnte. Die Befunde von Handlungsstudien (Piaget, 1974) würden auf eine stärkere Objektrepräsentation hinweisen, die auch handlungsrelevant wird. Ein vollständiges konzeptuelles Verständnis wäre gegebenenfalls erst mit einer sprachlichen Repräsentation erreicht. Diese Überlegungen würden dafür sprechen, dass es einer nuancierteren theoretischen Interpretation der Befunde von Baillargeon et al. bedarf, um ein integratives theoretisches Modell der Entwicklung der Objektpermanenz (im Speziellen) und Wissens um die physische Welt (im Allgemeinen) zu erarbeiten.

Die Befunde von Baillargeon et al. hatten einen großen Einfluss auf die Säuglingsforschung. Sie haben die Frage nach der Entwicklung der Objektpermanenz mit einer neuen Methode untersucht und eine Flut an Forschung zum frühen Verständnis der physikalischen Welt ausgelöst. Zugleich haben die augenfälligen Diskrepanzen zwischen dem vermeintlichen Wissen im Säuglingsalter und dem Mangel an physikalischem Verständnis im Kindergartenalter zu neuen Fragen geführt, wie die Säuglingsbefunde theoretisch zu interpretieren und in ein schlüssiges Entwicklungsmodell zu integrieren sind.

5.3 Lernen und Lesen

1. Inwieweit problematisieren die Befunde von Baillargeon et al. die piagetsche Entwicklungstheorie?
2. Welche kritischen Punkte wurden an der Interpretation der Befunde von Baillargeon et al. geäußert?

Video „Object Concept VOE Ramp Study Baillargeon“: https://www.youtube.com/watch?v=hwgo2O5Vk_g

Video „A Typical 10-month-old on Piaget's A-not-B task“: https://www.youtube.com/watch?v=lhHkJ3lnQOE

Baillargeon, R. (1987). Object permanence in 3 1/2- and 4 1/2-month-old infants. Developmental Psychology, 23(5), 655–664. doi: 10.1037/0012-1649.23.5.655

Baillargeon, R. (2002). The aquisition of physical knowledge in infancy: A summary in eight lessons. In U. Goswami (Ed.), Blackwell handbook of childhood cognitive development (pp. 46–83). Oxford, England: Blackwell.

Baillargeon, R., Spelke, E. S., & Wasserman, S. (1985). Object permanence in five-month-old infants. Cognition, 20(3), 191–208. doi: 10.1016/0010-0277(85)90008-3

Bogartz, R. S., Shinskey, J. L., & Schilling, T. H. (2000). Object permanence in five-and-a-half-month-old infants? Infancy, 1(4), 403–428. doi: 10.1207/S15327078IN0104_3

Haith, M. M. (1998). Who put the cog in infant cognition? Is rich interpretation too costly? Infant Behavior and Development, 21(2), 167–179. doi: 10.1016/S0163-6383(98)90001-7

Hood, B., Carey, S., & Prasada, S. (2000). Predicting the outcomes of physical events: Two-year-olds fail to reveal knowledge of solidity and support. Child Development, 71(6), 1540–1554. doi: 10.1111/1467-8624.00247

Krist, H. (2013). Development of intuitive statics: Preschoolers' difficulties judging the stability of asymmetrically shaped objects are not due to extraneous task demands. Zeitschrift für Entwicklungspsychologie und Pädagogische Psychologie, 45(1), 27–33. doi: 10.1026/0049-8637/a000078

Krist, H., Karl, K., & Krüger, M. (2016). Contrasting preschoolers' verbal reasoning in an object-individuation task with young infants' preverbal feats. Cognition, 157, 205–218. doi: 10.1016/j.cognition.2016.09.008

Leslie, A. M., & Keeble, S. (1987). Do six-month-old infants perceive causality? Cognition, 25(3), 265–288. doi: 10.1016/S0010-0277(87)80006-9

Munakata, Y., McClelland, J. L., Johnson, M. H., & Siegler, R. S. (1997). Rethinking infant knowledge: Toward an adaptive process account of successes and failures in object permanence tasks. Psychological Review, 104(4), 686-713. doi: http://dx.doi.org/10.1037/0033-295X.104.4.686

Piaget, J. (1974). Der Aufbau der Wirklichkeit beim Kinde. Stuttgart: Klett.

Schwarzer, G., & Zauner, N. (2003). Face processing in 8-month-old infants: evidence for configural and analytical processing. Vision Research, 43(26), 2783-2793. doi: http://dx.doi.org/10.1016/S0042-6989(03)00478-4

Spelke, E. S., Breinlinger, K., Macomber, J., & Jacobson, K. (1992). Origins of knowledge. Psychological Review, 99(4), 605–632. doi: http://dx.doi.org/10.1037/0033-295X.99.4.605

Spelke, E., & Kinzler, K. D. (2007). Core knowledge. Developmental Science, 10(1), 89–96. doi: 10.1111/j.1467-7687.2007.00569.

Träuble, B., & Pauen, S. (2011). Infants' reasoning about ambiguous motion events: The role of spatiotemporal and dispositional status information. Cognitive Development, 26(1), 1–15. doi: http://dx.doi.org/10.1016/j.cogdev.2010.07.002

6 Der Apfel fällt nicht weit vom Stamm: Die Rolle der Bindung in der frühkindlichen Entwicklung

Mains Studie zur intergenerationalen Transmission von Bindungssicherheit

Quelle:
Main, M., Kaplan, N., & Cassidy, J. (1985). Security in infancy, childhood, and adulthood: A move to the level of representation. Monographs of the Society for Research in Child Development, 50, 66–104.

Kurzbiografie:
Mary Main (geb. 1943) absolvierte einen B. A. an einem klassischen Liberal Arts College in Annapolis. Im Anschluss daran studierte sie Psychologie und promovierte 1973 bei Mary Ainsworth an der John-Hopkins-Universität in Baltimore. Seit 1973 ist sie als Professorin für Psychologie an der University of Berkeley in Kalifornien tätig.

In einer longitudinalen Studie untersuchten Main et al. Zusammenhänge zwischen der Qualität der Bindung im Säuglings- und Kleinkindalter sowie der psychosozialen Entwicklung mit 5–6 Jahren. Darüber hinaus entwickelten sie ein Interview zur Erfassung der Bindungsrepräsentation der Eltern, das Adult Attachment Interview. Die Studie ergab, dass das Ausmaß der Bindungssicherheit in den ersten beiden Lebensjahren mit vielfältigen Aspekten der psychosozialen Entwicklung ein paar Jahre später zusammenhing. Darüber hinaus zeigten sich spezifische Zusammenhänge zwischen der Bindungsrepräsentation des jeweiligen Elternteils und der Bindung des Kindes in der Fremden Situation. Die Studie gilt als Meilenstein der Entwicklungspsychologie, da sie systematisch versuchte, die Repräsentation von Bindung zu erfassen und das Adult Attachment Interview als Methode etabliert hat.

6.1 Ausgangspunkt und leitende Frage

Die Bedeutung der frühen Beziehungserfahrungen zwischen einem Kind und seinen Eltern hat die Entwicklungspsychologie seit langer Zeit fasziniert. Haben Eltern einen Einfluss auf die Persönlichkeit ihrer Kinder und wie sieht dieser Einfluss aus? Und hat dies etwas mit ihren eigenen Erfahrungen zu tun? Dies sind zwei der Kernfragen, die im Rahmen der Bindungstheorie eine Antwort gefunden haben.

Die Bindungstheorie geht im Wesentlichen zurück auf John Bowlby, einen britischen Kinderarzt und Psychoanalytiker, der in seiner Arbeit auf den Einfluss frühkindlicher Trennungen auf die Entstehung von Verhaltensauffälligkeiten im Kindesalter aufmerksam geworden war. In einer theoretischen Pionierleistung integrierte er zentrale Überlegungen aus der Psychoanalyse, der Evolutionstheorie sowie der System- und Kontrolltheorie in die neu entstehende Bindungstheorie (Bowlby, 1969). Die Bindungstheorie postuliert, dass Säuglinge ein angeborenes Bedürfnis haben, sich an Schutz und Trost spendende Bezugspersonen zu binden. Dies entspricht einem evolutionär vererbten Verhaltensprogramm, welches das Überleben des Nachwuchses sichert. Dabei steht dem *Bindungsverhaltenssystem*, welches bei Angst und Unsicherheit aktiviert wird und durch entsprechende Signale (u.a. Schreien) die Nähe zur Bindungsperson herzustellen versucht, ein *Explorationsverhaltenssystem* gegenüber. Dieses überwiegt in Phasen der Sicherheit und sorgt dafür, dass Kinder spielend die Welt erkunden. Diese beiden Systeme stehen antagonistisch zueinander. Der Wechsel zwischen Bindung und Exploration stellt einen systemischen Regelkreis dar: Sobald das Kind in unsicheren Situationen die Nähe zur Bezugsperson hergestellt hat und z.B. getröstet wird, beruhigt sich das Bindungssystem und das Kind kann zur Exploration zurückkehren. Dies geht so lange, bis das Kind wieder Unsicherheit oder ein nicht selbst stillbares Bedürfnis verspürt und das Bindungssystem wieder aktiviert wird.

Dabei unterscheiden sich die Bezugspersonen darin, wie adäquat und prompt sie auf die Signale der Kinder reagieren. Durch die Erfahrungen, inwieweit ihre Bezugspersonen sensitiv auf ihre Bedürfnisäußerungen reagieren und emotional verfügbar sind, bauen die Kinder bestimmte Verhaltensstrategien auf. Diese Strategien spiegeln ihre Erwartungen an das Verhalten der Bezugsperson wider.

Bowlbys Überlegungen wurden von Mary Ainsworth kongenial in eine experimentelle Situation übersetzt und damit der empirischen Überprüfung zugänglich gemacht (Ainsworth et al., 1978). Im sog. Fremden-Situations-Test (FST) werden die Kinder für kurze Zeit von ihrer Bezugsperson getrennt und ihr Verhalten gegenüber dieser bei ihrer Rückkehr erfasst. Die unterschiedlichen Verhaltensmuster erlauben die Kategorisierung in die bekannten Bindungstypen. Die sicher gebundenen Kinder (Typ B) freuen sich über die Rückkehr, nehmen aktiv Kontakt auf und lassen sich beruhigen. Die unsicher-vermeidend gebundenen Kinder (Typ A) zeigen kaum Trauer bei der Trennung, reagieren kaum auf die Rückkehr der Bezugsperson und vermeiden trotz ihrer Belastung für einige Zeit den Kontakt. Die unsicher-ambivalent gebundenen Kinder (Typ C) sind sehr erregt und nehmen Kontakt auf, lassen sich aber kaum von der Bezugsperson beruhigen und zeigen häufig Trotzverhalten und Widerstand. Kinder, die zusätzlich als desorganisiert (Typ D) klassifiziert werden, zeigen darüber hinaus noch Verhaltensweisen (z.B. erstarren), die als Zeichen von Furcht und Desorganisation des Verhaltenssystems interpretiert werden.

Die Bindungstheorie geht davon aus, dass die drei klassischen kindlichen Bindungstypen im Wesentlichen ein Resultat der ausreichenden (Typ B), inkonsistenten (Typ C) oder unzureichenden (Typ A) elterlichen Feinfühligkeit sind. Sowohl Beobachtungsstudien als auch experimentelle Studien konnten bestätigen, dass die elterliche Feinfühligkeit ein zentraler Prädiktor für die kindliche Bindungssicherheit ist (De Wolff/Van Ijzendoorn, 1997). Einen Überblick über den aktuellen Stand der Bindungstheorie geben Spangler und Zimmermann (2015).

Eine zentrale Annahme der Bindungstheorie ist, dass die Erfahrungen in ein *Inneres Arbeitsmodell*, eine kognitive Repräsentation von sich selbst und der Beziehung zu nahestehenden Personen, integriert werden. Das *Innere Arbeitsmodell* strukturiert Wahrnehmungen und Interpretationsprozesse, bestimmt die Verarbeitung von Erfahrungen und steuert die Erwartungen an andere Personen (Zimmermann/Iwanski, 2015). Der FST zeigte bereits etwas von dieser Funktion. Obwohl die Mütter bei ihrer Rückkehr angehalten sind, zuerst in der Tür stehen zu bleiben und nur den Namen des Kindes zu rufen, reagieren die Kinder aufgrund ihrer bisherigen Beziehungserfahrungen recht unterschiedlich. Dies zeigt, dass bestimmte Verhaltenserwartungen aufgebaut wurden, die das Verhalten der Kinder bestimmen. Nichtsdestoweniger verbleibt der FST noch auf einer reinen Verhaltensebene, fokussiert auf die Beziehung zu einer bestimmten Bezugsperson und ist auf die frühe Kindheit beschränkt. Bildet sich im Laufe der Entwicklung eine Art generalisiertes inneres Arbeitsmodell heraus, das auch das Verhalten von uns Erwachsenen steuert? Dies ist eine zentrale Frage, die im Rahmen der Studie von Main und Kollegen beantwortet werden sollte.

6.2 Das Experiment im Detail

Aufbau

Die Studie baut auf einer ersten Erhebung der Bindungssicherheit im Kleinkindalter auf. Im Alter von 12 bzw. 18 Monaten wurde diese in FST mit Mutter bzw. Vater erfasst. Ein ausgewähltes Sample von etwa 40 Kindern (von ursprünglich mehr als 180) wurde nach mehreren Jahren, die Kinder waren inzwischen etwa 6 Jahre alt, erneut untersucht. Ein Auswahlkriterium war eine ausgewogene Verteilung von Bindungsmustern zur Bezugsperson.

In dieser erneuten Erhebung kam eine Reihe von Maßen zum Einsatz, um die weitere Entwicklung der Bindung und die psychosoziale Entwicklung zu erforschen. Dazu gehörten unter anderem eine Wiedervereinigungssituation mit beiden Eltern, nachdem das Kind etwa 1 Stunde von ihnen getrennt war, die Offenheit, mit der sie über Trennungssituationen sprechen können sowie ihre allgemeine sozioemotionale Entwicklung im Rahmen ihrer Interaktion mit dem Versuchsleiter.

Zur Erfassung der Bindungsrepräsentation bei den Eltern kam die erste Form dessen zum Einsatz, was heute als *Adult Attachment Interview* (AAI) der Goldstandard für die Messung der Bindung im Erwachsenenalter ist. Das heutige AAI stellt ein halbstandardisiertes Interview dar und umfasst 20 Fragen (George et al., 2001). In diesem Interview wird man u.a. gebeten, die Beziehungen zu den eigenen Eltern zu beschreiben, konkrete Beispiele für die Beschreibungen auszuführen sowie aus heutiger Perspektive über diese Erfahrungen zu reflektieren. Insgesamt wird im AAI erfasst, inwieweit man eine schlüssige und kohärente Erzählung seiner Beziehungen zu seinen Eltern wiedergibt. Die Analyse fokussiert dabei auf die Form und weniger auf den Inhalt der Erzählungen.

Ergebnis und Interpretation

Die Analysen der Zusammenhänge zwischen der Bindungsklassifikation im Kleinkindalter und den verschiedenen Maßen im Alter von 5–6 Jahren ergab vielfältige Zusammenhänge. So zeigte sich, dass eine sicherere Bindung mit einer größeren Offenheit als auch mit einer besseren sozioemotionalen Entwicklung einherging. Sowohl das Ausmaß der Bindungssicherheit zur Mutter als auch das Ausmaß derjenigen zum Vater waren dabei relevante Prädiktoren, obwohl die Bindung zur Mutter und die Bindung zum Vater nicht miteinander zusammenhingen (Main/Weston, 1981). Die Bindung im Kleinkindalter hing mit dem Verhalten in der Wiedervereinigung mit dem jeweiligen Elternteil im Alter von 5–6 Jahren zusammen.

Sehr bedeutsam waren die Befunde zum AAI. Es zeigten sich Zusammenhänge zwischen der im AAI erhobenen Bindungssicherheit der Eltern selbst und der Qualität der Bindung ihrer Kinder im Kleinkindalter. Das galt gleichermaßen für Vater wie Mutter. Dieser Befund unterstreicht die These, dass es spezifische Beziehungsmuster zwischen Mutter und Kind bzw. Vater und Kind gibt, die jeweils unabhängig vom anderen Elternteil sind. Zugleich zeigt die Studie, dass die repräsentationale Ebene von Bindung im Erwachsenenalter erfassbar ist und mit der Bindung der eigenen Kinder zusammenhängt.

Bedeutung und Bewertung

Die zentrale Bedeutung der Studie liegt darin, dass sie einen Schritt zur systematischen Erfassung der Repräsentationsebene von Bindung gemacht und in diesem Rahmen das *Adult Attachment Interview* entwickelt hat. Damit hat sie die Perspektiven der Bindungstheorie auf neue Phänomene und Zusammenhänge erweitert und ihr ein neues Forschungsfeld erschlossen (Hesse, 2016). Die Entwicklung des AAI und daran anschließende Ansätze (wie das *Child Attachment Interview* für 8- bis 14-jährige Kinder) haben neue Methoden bereitgestellt, um das innere Arbeitsmodell jenseits des Kleinkindalters erfassbar zu machen.

Die Studie von Main et al. sowie die darauf folgenden Studien haben unser Verständnis der intergenerationellen Transmission von Bindungssicherheit vertieft. Es zeigten sich wiederholt Zusammenhänge zwischen der elterlichen Bindung (im AAI) und der Bindung der jeweiligen Kinder (im FST). Diese Zusammenhänge können zumindest teilweise über die elterliche Feinfühligkeit erklärt werden. Insgesamt ergibt sich also ein Bild, wonach die elterliche Bindungsqualität einen Einfluss auf ihre eigene Feinfühligkeit hat, die wiederum eine wichtige Determinante für die Bindungsqualität bei jungen Kindern ist. Diese ist sicherlich nicht der einzige Faktor, da menschliches Erleben und Verhalten immer Teil eines komplexen Bedingungsgefüges sind, jedoch konnte dieser Zusammenhang in vielen Studien repliziert werden (Verhage et al., 2016). Neuere Arbeiten erweitern die ursprünglich oftmals nur auf die Eltern fokussierten Forschungen, indem sie etwa die Entstehung und Funktion der ErzieherInnen-Kind Bindung genauer in den Blick nehmen (Ahnert et al., 2006; Becker-Stoll et al., 2016). Darüber hinaus findet sich auch Bestätigung durch prospektive Studien, in denen die Bindungssicherheit im Kleinkindalter und Jahre später im jungen Erwachsenenalter erfasst wurde (Hamilton, 2000; Waters et al., 2000). Dabei zeigte sich für jeweils ca. 75 % der Teilnehmer eine Übereinstimmung, wenn sie in der jeweiligen Methode (kategorial) als sicher oder nicht sicher gebunden klassifiziert wurden. Diese Ergebnisse unterstützen die Annahme eines lang anhaltenden Einflusses früher Erfahrungen auf die weitere Entwicklung.

Das *Adult Attachment Interview* erlaubt jedoch nicht nur einen neuen Blick auf Konstanz, sondern auch auf Dynamik und Veränderung in der Bindungsrepräsentation. Obwohl eine sichere Bindung im Erwachsenenalter häufiger mit positiven Erfahrungen und sensitiven Bezugspersonen in der frühen Kindheit einhergeht, ist sie nicht vollständig dadurch determiniert. Der zentrale Aspekt in der Analyse des AAI ist nicht, was die Personen über ihre frühen Erfahrungen berichten, sondern inwieweit sie in der Lage sind, dies kohärent, offen und kooperativ zu tun. Das heißt, trotz negativer Erfahrungen und einer ungünstigen Kindheit kann eine sichere Bindung im Erwachsenenalter erreicht werden, sofern ein offener Umgang mit und eine Reflexion auf diese frühen Erfahrungen möglich ist. Für ein besonders starkes Auseinanderklaffen zwischen frühen aversiven Erfahrungen und späterer Bindungssicherheit wurde die Kategorie der *erarbeiteten Sicherheit („earned security“)* eingeführt. Dies unterstreicht die Bedeutsamkeit der Bindungsforschung und des AAI auch für den klinischen und therapeutischen Kontext (Reiner et al., 2013).

Die Studie von Main und Kollegen erschloss der Bindungstheorie ein neues Forschungs- und Anwendungsfeld , indem sie einen systematischen Blick auf die Ebene der Repräsentation von Bindung geworfen und das Adult Attachment Interview als neue Methode entwickelt hat. Die in der Studie gefundenen Zusammenhänge zwischen der elterlichen und kindlichen Sicherheit haben der Forschung zur intergenerationellen Transmission von Bindung einen immensen Aufschub gegeben.

6.3 Lesen und Lernen

1. Inwieweit stellt die Entwicklung des Adult Attachment Interviews eine Ausweitung der Bindungstheorie auf die Repräsentationsebene („a move to the level of representation“ in Worten von Main und Kollegen) dar?
2. Erklären Sie die intergenerationelle Transmission von Bindung.

Video „Ainsworth Strange Situation“: www.youtube.com/watch?v=JqlbvpXp74k

Ahnert L., Pinquart, M., & Lamb, M. E. (2006). Security of children's relationships with nonparental care providers: A meta-analysis. Child Development, 74, 664–679. doi: 10.1111/j.1467-8624.2006.00896.x

Ainsworth, M. D. S., Blehar, M. C., Waters, E., & Wall, S. (1978). Patterns of attachment: Assessed in the strange situation and at home. Hillsdale, NJ: Erlbaum.

Becker-Stoll, F., Niesel, R., & Wertfein, M. (2016). Handbuch Kinderkrippe: So gelingt Qualität in der Tagesbetreuung. Freiburg: Herder.

Bowlby, J. (1969). Attachment and loss. Vol. 1: Attachment. New York: Basic Books.

De Wolff, M. S., & Van Ijzendoorn, M. H. (1997). Sensitivity and attachment: A meta-analysis on parental antecedents of infant attachment. Child Development, 68(4), 571–591. doi: 10.1111/j.1467-8624.1997.tb04218.x

George, C., Kaplan, N., & Main, M. (2001). The Berkley Adult Attachment Interview. Unpublished protocol. Berkley: University of California.

Hamilton, C. E. (2000). Continuity and discontinuity of attachment from infancy through adolescence. Child Development, 71(3), 690–694. doi: 10.1111/1467-8624.00177

Hesse, E. (2016). The adult attachment interview: Protocol, method of analysis, and empirical studies: 1985–2015. In J. Cassidy & P. R. Shaver (Eds.), Handbook of attachment: Theory, research, and clinical applications (3rd ed., pp. 553–597). New York, NY, US: Guilford Press. doi: 10.1002/jbm.820290314

Main, M., Kaplan, N., & Cassidy, J. (1985). Security in infancy, childhood, and adulthood: A move to the level of representation. Monographs of the Society for Research in Child Development, 50(1/2), 66–104. doi: 10.2307/3333827

Main, M., & Weston, D. R. (1981). The quality of toddler's relationships to mother and to father: Related to conflict behavior and the readiness to establish new relationships. Child Development, 52(3), 932–940.

Reiner, I. C., Fremmer-Bombik, E., Beutel, M. E., Steele, M., & Steele, H. (2013). Das Adult Attachment Interview - Grundlagen, Anwendung und Einsatzmöglichkeiten im klinischen Alltag. Psychosomatische Medizin und Psychotherapie, 59(3), 231–246. doi: http://dx.doi.org/10.13109/zptm.2013.59.3.231

Spangler, G., & Zimmermann, P. (2015). Die Bindungstheorie. Stuttgart: Klett-Cotta.

Verhage, M. L., Schuengel, C., Madigan, S., Pasco Fearon, R. M., Oosterman, M., Cassibba, R., Bakermans-Kranenburg, M., & van Ijzendoorn, M. (2016). Narrowing the transmission gap: A synthesis of three decades of research on intergenerational transmission of attachment. Psychological Bulletin, 142, 337–366. Doi: 10.1037/bul0000038

Waters, E., Merrick, S., Treboux, D., Crowell, J., & Albersheim, L. (2000). Attachment security in infancy and early adulthood: A twenty-year longitudinal study. Child Development, 71(3), 684–689. doi: 10.1111/1467-8624.00176

Zimmermann, P., & Iwanski, A. (2015). Attachment in middle childhood: Associations with information processing. New Directions for Child and Adolescent Development, 148, 47–61. doi: 10.1002/cad.20099

7 Hängt die Fähigkeit, mit 4 Jahren auf einen Marshmallow zu warten, mit sozialen und kognitiven Fähigkeiten im Jugendalter zusammen?

Mischels Marshmallow-Test

Quelle:
Mischel, W., Shoda, Y., & Peake, P.K. (1988). The nature of adolescent competencies predicted by preschool delay of gratification. Journal of Personality and Social Psychology, 54, 678–696.

Kurzbiografie:
Walter Mischel wurde 1930 in Wien geboren. 1938 flohen er und seine Familie als Juden vor den Nationalsozialisten in die Vereinigten Staaten. Er studierte Psychologie an der Ohio State University und promovierte ebendort 1956. Nach Stationen u. a. in Harvard und Stanford war er ab den 1980er Jahren bis zu seinem Tod 2018 Professor an der Columbia Universität in New York.

In einer longitudinalen Studie untersuchten Mischel und Kollegen, ob es Zusammenhänge zwischen der Fähigkeit zum Belohnungsaufschub im Kindergartenalter und der kognitiven und sozialen Entwicklung im Jugendalter gibt. Der Belohnungsaufschub wurde in der klassischen Marshmallow-Aufgabe gemessen, als die Kinder im Schnitt 4,5 Jahre alt waren. Im Alter von etwa 15–16 Jahren holten die Autoren von den Eltern der Kinder Informationen über die sozialen und kognitiven Kompetenzen der Kinder ein. Die Analysen zeigten, dass, je länger die Kinder im Kindergartenalter auf den zweiten Marshmallow warteten, desto ausgeprägter waren ihre sozialen und kognitiven Kompetenzen sowie ihre Selbstregulations- und Bewältigungskompetenzen in Stresssituationen.

7.1 Ausgangspunkt und leitende Frage

In den 1970er und 1980er Jahren kam es zu einem verstärkten Interesse am Phänomen der Selbstkontrolle und des Belohnungsaufschubs. Der Nährboden hierfür waren zum einen kognitiv ausgerichtete Theorien, die die Rolle der Aufmerksamkeitssteuerung und anderer kognitiver Strategien betonten. Zum anderen wurden im Anschluss an psychoanalytische Theorien Überlegungen zur Natur der Ich-Stärke angestellt (Block/Block, 1980). Beide Stränge förderten das wissenschaftliche Interesse an der Frage, wie und unter welchen Bedingungen man sich selbst soweit kontrollieren kann, um nicht einer unmittelbaren Versuchung nachzugeben. Walter Mischel und seine StudentInnen hatten dazu einen Test adaptiert, der als Marshmallow-Test in die Geschichte der Psychologie eingehen sollte. Dieser Test besteht im Wesentlichen darin, dass den Kindern (üblicherweise im Vorschulalter) ein Marshmallow angeboten wird, das sie sofort essen können. Falls sie eine bestimmte Zeit warten, ohne einen Marshmallow zu essen, würden sie jedoch zwei Marshmallows bekommen. Die Kinder stehen also vor den Optionen, eine kleinere Belohnung sofort oder eine größere Belohnung später zu erhalten. Sie standen sprichwörtlich vor der Wahl zwischen dem Spatzen in der Hand oder der Taube auf dem Dach. Die Fähigkeit zum Belohnungsaufschub zeigt sich dabei darin, wie lange die Kinder warten können, bevor sie der Versuchung nachgeben und den Marshmallow essen, oder ob sie sogar die ganze Zeit abwarten, bis der Versuchsleiter mit dem zweiten Marshmallow zurückkommt.

Mischel hatte sich in seinen ersten Studien mit der Frage auseinandergesetzt, welche situativen Faktoren und kognitiven Strategien Kindern das Warten erleichtern. Zum Beispiel fand man heraus, dass das Warten schwieriger wird, wenn man das begehrte Objekt vor Augen hat, als wenn es verdeckt wird (Mischel/Ebbesen, 1970). Ablenkung (an etwas anderes Denken) erleichterte hingegen das Warten (Mischel et al., 1972). Menschen unterscheiden sich dabei im Wissen um den und im Einsatz dieser selbstregulatorischen Strategien. Mischel und Kollegen überlegten, dass diese Fähigkeiten zur Selbstregulation eine grundlegende Rolle im Leben spielen könnten und dass die Unterschiede, die wir schon früh zwischen den Kindern beobachten können, relative Stabilität aufweisen und prädiktiv für ihr weiteres Leben sein könnten. Um diese Hypothese zu prüfen, befragten er und seine KollegInnen die Eltern 15- bis 16-jähriger Kinder, die im Grundschulalter an Versionen des Marshmallow-Experiments teilgenommen hatten.

7.2 Das Experiment im Detail

Aufbau

Mischel und Kollegen griffen in ihrer longitudinalen Studie auf Forschungen zurück, die sie in den 1970er Jahren in Kindergärten in der Umgebung von Stanford mit Kindergartenkindern durchgeführt hatten. Die Kinder waren zum Zeitpunkt der Studien in den 1970er Jahren etwa 4–5 Jahre alt. In diesen Testungen hatten die Kinder die Wahl zwischen einem weniger begehrten Objekt sofort oder einem begehrteren Objekt etwas später (z.B. ein Marshmallow sofort oder zwei Marshmallows später). Dazu konnten die Kinder entweder warten, bis der Versuchsleiter wieder zurückkam, oder eine Glocke läuten, wenn sie das eine Marshmallow sofort haben wollten. Die maximale Zeitdauer betrug dabei zwischen 15 und 20 Minuten. Die Forscher maßen die Zeit, die die Kinder jeweils warteten. Da sich diese Studien in ihrem spezifischen Design aber voneinander unterschieden (z.B. ob ein ablenkendes Objekt vorhanden war oder nicht; welche Instruktion gegeben wurde), wurde die individuelle Wartezeit jeweils als Differenzwert zum Gruppenmittelwert berechnet. Das heißt: falls die Gruppe im Schnitt 4 Minuten wartete, bekam ein Kind, das 5 Minuten wartete, bevor es die Glocke läutete, einen Wert von +1 Minute. Einige Kinder hatten an zwei Testungen teilgenommen, sodass ein Durchschnittswert gebildet werden konnte.

Dieses Vorgehen erlaubte Mischel und Kollegen, die Unterschiede zwischen den Kindern auf einer vergleichbaren Skala abzubilden, obwohl sich die früheren Studien voneinander unterschieden. Von jedem Kind erhielten sie so einen Wert, der deutlich machte, ob es im Vergleich zu anderen Kindern mehr oder weniger lang wartete.

Etwas mehr als 10 Jahre später schrieben die Forscher die Familien wieder an und baten sie um Informationen über ihre Kinder. Die Kinder waren zu diesem Zeitpunkt im Schnitt knapp 16 Jahre alt, wobei das Alter stark streute. Von ursprünglich mehr als

600 Kindern konnten die Adressen von mehr als 100 ausfindig gemacht werden. Ein großer Teil dieser Familie nahm an der Nacherhebung teil. Die Autoren legten ihnen zwei Sets von Fragen vor: Zum einen vier Fragen, anhand derer die Eltern die Kompetenzen ihrer Kinder im Vergleich zu anderen Kindern einschätzen sollten. Dabei standen die schulischen Leistungen, die sozialen Kompetenzen, die Häufigkeit von Problemen und die Bewältigungskompetenzen im Mittelpunkt. Darüber hinaus erfassten sie die *Ego-Kontrolle* und die *Ego-Resilienz*, zwei Konstrukte, die zum einen die grundsätzliche Fähigkeit zur Selbstkontrolle und zum anderen den flexiblen, situationsadäquaten Einsatz von Selbstkontrolle bezeichnen. Im Folgenden wollen wir uns aus Gründen der Redundanz auf das erste Fragenset konzentrieren.

Um Zusammenhänge zwischen den frühen Wartezeiten und den späteren Kompetenzen zu analysieren, berechneten die Autoren Korrelationen.

Ergebnis und Interpretation

Die Ergebnisse zeigten Zusammenhänge zwischen der frühkindlichen Selbstkontrolle und den späteren schulischen Leistungen, den sozialen Kompetenzen und den Bewältigungskompetenzen im Jugendalter. Diese Zusammenhänge zeigten im Schnitt eine mittlere Effektstärke. Es gab keinen Zusammenhang mit der Häufigkeit von Problemen. Das Muster der Ausprägung war für Jungen und Mädchen weitgehend ähnlich. Es unterschied sich nicht, ob von den Kindern mit zwei Testungen der Durchschnittswert oder nur der Wert der ersten Testung einging (Tab. 7.1).

Mischel und Kollegen interpretieren ihren Befund dahingehend, dass die frühe Fähigkeit zum Belohnungsaufschub, das selbstkontrollierte Warten auf eine größere Belohnung, im Kindergartenalter die Ausprägung einer relativen stabilen Persönlichkeitseigenschaft anzeigt. Dies spricht dafür, dass sich individuelle Unterschiede in den kognitiven Kompetenzen, die sowohl zum frühen Belohnungsaufschub als auch für spätere Leistungen entscheidend sind (z.B. Umgang mit Frust, Aufrechterhaltung der Zielverfolgung auch in schwierigen Situationen), früh herauszubilden scheinen und eine gewisse Stabilität aufweisen.

Tab. 7.1: Korrelationen zwischen der Wartezeit zum ersten Messzeitpunkt (4–5 Jahre) und den elterlichen Einschätzungen im Alter von 15–16 Jahren (nach Mischel et al., 1972)

Adolescent rating	1st & 2nd delay	1st delay only
Girls (N = 51)		
Academic competence	.22	.24`
Social competence	.34**	.28**
Frequency of problems	-.09	-.09
Coping competence	.21	.23
Boys (N = 36)		
Academic competence	.32*	.26
Social competence	.43***	.45***
Frequency of problems	.24	.19
Coping competence	.25	.23
Combined (N = 87)		
Academic competence	.27**	.24**
Social competence	.39****	.35***
Frequency of problems	.05	.03
Coping competence	.23**	.23**
Note. All *p* values are two-tailed. * p < .10. ** p < .05. *** p < .01. **** p < .001.		

Bedeutung und Bewertung

Die Studie prägte unseren Blick auf Zusammenhänge zwischen den frühen kognitiven und selbstregulatorischen Fähigkeiten und dem weiteren Lebenslauf und trug so zu einem verstärkten Interesse an der Entwicklung der Persönlichkeit in den ersten Lebensjahren bei. Sie motivierte eine wahre Flut an weiterer Forschung, die zu ähnlichen Befunden führte. So zeigten sich unter anderem Zusammenhänge zwischen früher Selbstkontrolle und standardisierten Schulleistungstests (Shoda et al., 1990) sowie körperlicher Gesundheit, geringerem Substanzmissbrauch und finanzielle Sicherheit im Erwachsenenalter (Moffitt et al., 2011). Auch nach über 30 Jahren sagte die Wartezeit im Kindergartenalter den Body-Mass-Index (BMI) vorher (Schlam et al., 2013). Diese Befunde wurden in einer querschnittlichen Studie mit Präadoleszenten (8–12 Jahre) bestätigt, in der ein analoges, altersadäquates Maß genutzt wurde (Punkte sparen, um eine größere Belohnung später zu erhalten, oder sie für eine kleinere Belohnung gleich einlösen). Adipöse Kinder zeigten weniger Selbstbeherrschung als normal- oder übergewichtige Kinder (Bruce et al., 2011). Das spannende dabei ist, dass diese Zusammenhänge von vielen Forschern, in unterschiedlichen Ländern und mit unterschiedlichen Varianten der Aufgabe gefunden wurden. Befeuert durch diese zahlreichen Befunde wurden Mischel und seine Aufgabe so bekannt, dass sie als „Marshmallow-Effekt" in die Geschichte der Psychologie eingingen.

Diese Zusammenhänge haben rasch zu der Frage geführt, wie sich Selbstkontrolle im Besonderen und kognitive Kontrolle im Allgemeinen in der Entwicklung fördern lassen. Schon in seinen ersten Arbeiten hatte Mischel auf die Rolle von Aufmerksamkeitsstrategien und metakognitiven Funktionen hingewiesen (Mischel et al., 1972). Im Zuge des zunehmenden Fokus auf frühe Förderung und frühe Bildung zeigt sich gerade in den letzten Jahren ein verstärktes Interesse an Förder- und Interventionsmöglichkeiten (Diamond 2012). Dies hat zu einigen fruchtbaren Forschungsbemühungen geführt, die Wege der Förderung aufzeigen, sei es über Interventionen auf der Erzieher- und Elternebene (Walk et al., 2018) oder bei den Kindern selbst (Kray/Ferdinand 2013).

Trotz der Fruchtbarkeit dieses Forschungsprogramms gibt es auch nachdenkliche Stimmen, die einige der Grundannahmen kritisch hinterfragen. Eine oftmals gestellte Frage betrifft die psychischen Prozesse, die zwischen den frühen Selbstkontrollkompetenzen und den späteren Kompetenzen vermitteln. Wie können wir erklären, dass die Wartezeit im Marshmallow-Test im Alter von 5–6 Jahren so weitreichende Vorhersagen in die Zukunft erlauben? Welche psychischen Prozesse spielen dabei eine Rolle? Dazu wurden in weiteren Studien zusätzliche Maße erhoben und statistisch analysiert, inwieweit die Zusammenhänge erhalten bleiben, wenn man den Einfluss anderer Prozesse und Fähigkeiten (z.B. Intelligenz) herausrechnet (d.h., statistisch kontrolliert). Es zeigte sich z.B., dass die Zusammenhänge mit späteren Kompetenzen nicht über allgemeine Intelligenz, sondern in erster Linie über Selbstkontrolle vermittelt waren (Duckworth et al., 2013). In einer neueren Studie wurde allerdings berichtet, dass die Zusammenhänge mit Schulleistungen in der ersten Klasse und im Alter von 15 Jahren verschwanden, wenn man für eine Reihe von Variablen kontrollierte, die den häuslichen und sozioökonomischen Hintergrund sowie frühe kognitive Fähigkeiten und Temperament umfassten (Watts et al., 2018). Dies ist insofern bedeutsam, da eine Intervention zur Selbstkontrolle nicht erfolgversprechend sein könnte, falls z.B. der sozioökonomische und häusliche Hintergrund beides determiniert. Hier stellt sich allerdings die Frage, ob durch diese extensiven Kontrollen nicht auch die möglicherweise vermittelnden Variablen (z.B. Selbstregulationsstrategien, metakognitive Fähigkeiten), die wahrscheinlich auch mit einigen der Kontrollvariablen zusammenhängen, neutralisiert wurden. Mit anderen Worten: Falls in der frühen Kindheit Selbstregulationsstrategien in erster Linie durch die Familie vermittelt werden und daher stark mit dem sozioökonomischen und häuslichen Hintergrund eines Kindes zusammenhängen, könnte durch die statistische Kontrolle dieser Variablen auch ein großer Teil der Varianz der Selbstregulationsstrategien gebunden werden. Insgesamt zeigt sich, dass der Marshmallow-Effekt ungeachtet der vielfältigen Befunde noch viele offene Fragen aufwirft und die Entwicklungspsychologie weiterhin beschäftigen wird.

Auf theoretischer Ebene liegt ein großer Verdienst von Mischel und KollegInnen darin, dass es ihnen gelungen ist, das Konzept der Willensstärke empirisch messbar zu machen (Mischel 2016). Seit Jahrtausenden wird das Phänomen der Willensschwäche, insbesondere das Handeln wider besseres Wissen, in der europäischen Geistesgeschichte kontrovers diskutiert. Wie kann es sein, dass man etwas (nicht) tut, obwohl man weiß, dass man – in eigenem Interesse – anders handeln sollte? Im Dialog *Protagoras* lässt Platon beispielsweise Sokrates die Meinung äußern, dass ein Mangel an Einsicht oder Wissen der sog. Willensschwäche zugrunde liege. In heutigen Begriffen würden wir dies als eine kognitive Erklärung beschreiben. Aristoteles hingegen spekulierte, dass Wissen zwar vorhanden sei, aber durch die Begierden unterdrückt oder vielmehr nicht handlungsleitend wird. Dies legt eine eher affektive Erklärung des Phänomens nahe. Diese Überlegungen beschäftigen uns bis heute (Mele, 1987). Wie auch immer wir das Phänomen der Willensschwäche konzeptuell fassen, stellen das Marshmallow-Experiment und seine Modifikationen eine Methode bereit, um das Phänomen der Willensschwäche empirisch anzugehen.

Dabei sollte nicht der Eindruck vermittelt werden, dass es Mischel um einen Lobpreis der absoluten Selbstkontrolle, der kontinuierlichen Unterdrückung von Wünschen und Begierden, mithin gar Lustfeindlichkeit ging. Vielmehr stand für ihn die Entwicklung der Freiheit im Mittelpunkt (Mischel, 2016). Es geht um die Freiheit, selbst entscheiden zu können, ob und wann ich meinen momentanen Begierden nachgebe oder eine andere Alternative wähle. Denn nur dann, wenn wir über ausreichend Selbstkontrolle verfügen, können wir frei entscheiden, anstatt den Begierden im Hier und Jetzt hilflos ausgeliefert zu sein. Es eröffnet sich, metaphorisch gesprochen, ein Raum der Freiheit, in dem wir uns selbst kontrollieren können, anstatt von inneren Begierden oder äußeren Reizen getrieben zu sein.

Die Forschungen zum Marshmallow-Test zeigten Zusammenhänge zwischen dem Ausmaß der Selbstkontrolle in der frühen Kindheit und vielfältigen Indikatoren psychosozialer Anpassung im Jugend- und Erwachsenenalter auf. Zugleich richteten sie die Aufmerksamkeit auf die Fertigkeiten und Strategien, die der Entwicklung der Selbstkontrolle zugrunde liegen, sowie damit einhergehende Förder- und Interventionsmöglichkeiten. Die Einfachheit und Klarheit des Testes sowie seine weitreichenden Zusammenhänge haben dazu geführt, dass er als Klassiker der Entwicklungspsychologie gilt.

7.3 Lernen und Lesen

1. Welche längsschnittlichen Befunde zeigten sich zwischen dem Verhalten von Kindern im Marshmallow-Test und ihrer weiteren Entwicklung?
2. Inwieweit könnte man sagen, dass im Zentrum der Forschungen zur Selbstkontrolle eigentlich die Frage der menschlichen Freiheit steht?

Videointerview mit Walter Mischel: www.youtube.com/watch?v=XcmrCLL7Rtw

Videoaufzeichnung von Kindern im Marshmallow Test: www.youtube.com/watch?v=QX_oy9614HQ

Walter Mischel (2016): Der Marshmallow-Effekt. Wie Willensstärke unsere Persönlichkeit prägt. München: Pantheon. Leicht lesbare und vergnügliche Darstellung der Forschung zur Selbstkontrolle.

Block, J. H., & Block, J. (1980). The role of ego-control and ego-resiliency in the organization of behavior. In W. A. Collins (Ed.), Development of cognition, affect and social relations (Vol. 13). Hillsdake, NJ: Erlbaum.

Bruce, A. S., Black, W. R., Bruce, J. M., Daldalian, M., Martin, L. E., & Davis, A. M. (2011). Ability to delay gratification and BMI in preadolescence. Obesity, 19(5), 1101–1102. doi: 10.1038/oby.2010.297

Diamond, A. (2012). Activities and programs that improve children's executive functions. Current Directions in Psychological Science, 21(5), 335–341. doi: https://doi.org/10.1177/0963721412453722

Duckworth, A. L., Tsukayama, E., & Kirby, T. A. (2013). Is it really self-control? Examining the predictive power of the delay of gratification task. Personality and Social Psychology Bulletin, 39(7), 843–855. doi: 10.1177/0146167213482589

Kray, J., & Ferdinand, N. K. (2013). How to improve cognitive control in development during childhood: Potentials and limits of cognitive interventions. Child Development Perspectives, 7(2), 121–125. doi: 10.1111/cdep.12027

Mele, A. (1987). Irrationality: An essay on akrasia, self-deception, and self-control. Oxford, England: Oxford University Press.

Mischel, W. (2016). Der Marshmallow-Effekt: Wie Willensstärke unsere Persönlichkeit prägt. München: Pantheon.

Mischel, W., & Ebbesen, E. B. (1970). Attention in delay of gratification. Journal of Personality and Social Psychology, 16(2), 329–337. doi: 10.1037/h0029815

Mischel, W., Ebbesen, E. B., & Raskoff Zeiss, A. (1972). Cognitive and attentional mechanisms in delay of gratification. Journal of Personality and Social Psychology, 21(2), 204–218. doi: 10.1037/h0032198

Mischel, W., Shoda, Y., & Peake, P. K. (1988). The nature of adolescent competencies predicted by preschool delay of gratification. Journal of Personality and Social Psychology, 54, 678–696.

Moffitt, T. E., Arseneault, L., Belsky, D., Dickson, N., Hancox, R. J., Harrington, H. L., . . . Caspi, A. (2011). A gradient of childhood self-control predicts health, wealth, and public safety. Proceedings of the National Academy of Sciences, USA, 108, 2693–2698.

Schlam, T. R., Wilson, N. L., Shoda, Y., Mischel, W., & Ayduk, O. (2013). Preschoolers' delay of gratification predicts their body mass 30 years later. Journal of Pediatrics, 162(1), 90–93. doi: 10.1016/j.jpeds.2012.06.049
Shoda, Y., Mischel, W., & Peake, P. K. (1990). Predicting adolescent cognitive and self-regulatory competencies from preschool delay of gratification: Identifying diagnostic conditions. Developmental Psychology, 26(6), 978–986. doi: 10.1037/0012-1649.26.6.978
Walk, L. M., Evers, W. F., Quante, S., & Hille, K. (2018). Evaluation of a teacher training program to enhance executive functions in preschool children. PLoS ONE, 13(5), 1–20. doi: 10.1371/journal.pone.0197454
Watts, T. W., Duncan, G. J., & Quan, H. (2018). Revisiting the marshmallow test: A conceptual replication investigating links between early delay of gratification and later outcomes. Psychological Science, 29(7), 1159–1177. doi: 10.1177/0956797618761661

8 Die Anfänge empathischen Verhaltens in der frühen Kindheit

Zahn-Waxlers Studie zur frühen Entwicklung von Empathie

Quelle:
Zahn-Waxler, C., Radke-Yarrow, M., Wagner, E., & Chapman, M. (1992). Development of concern for others. Developmental Psychology, 28, 126–136.

Kurzbiografie:
Carolyn Zahn-Waxler studierte Psychologie an der University of Wisconsin und promovierte 1967 an der University of Minnesota. Sie ist emeritierte Professorin für Psychologie am Center for Healthy Minds an der Universität von Wisconsin-Madison.

In einer longitudinalen Studie erforschten Zahn-Waxler und Kollegen (1992) die Ontogenese empathischer Reaktionen in den ersten Lebensjahren. Dazu untersuchten sie, wie Kinder auf den schmerzhaften Emotionsausdruck anderer Personen reagierten. Die Forscher fokussierten sich dabei auf drei Zeitpunkte: Zum ersten Zeitpunkt waren die Kinder 13–15 Monate alt, zum zweiten Zeitpunkt 18–20 Monate alt und zum dritten Zeitpunkt 23–25 Monate alt. Die jüngsten Kinder gerieten beim Anblick einer gestressten oder traurigen Person eher selbst in Stress und zeigten kaum Mitleid oder prosoziales Verhalten. Im weiteren Verlauf des zweiten Lebensjahres zeigten die Kinder tendenziell weniger eigenen Stress und ließen dafür zunehmend einen besorgten Gesichtsausdruck, prosoziale Verhaltensweisen wie Trösten oder gutes Zureden sehen. Insgesamt legen die Ergebnisse der Studie nahe, dass sich Sorge und Mitgefühl für andere ab der Mitte des zweiten Lebensjahres entwickeln und dass ein zunächst starker Fokus auf eigene Emotionen zunehmend durch auf andere bezogene, lösungsorientierte Handlungen ersetzt wird.

8.1 Ausgangspunkt und leitende Frage

Die Studie kann als ein Schlüsselexperiment der Entwicklungspsychologie angesehen werden, da frühere theoretische Ansätze (z.B. die Freudsche Psychoanalyse oder auch Piagets Theorie) Kleinkinder als im Wesentlichen egozentrisch ansahen, d.h. nicht in der Lage, die Gefühle anderer Personen zu berücksichtigen und in deren Interesse zu handeln. Nach Freud (2010) sind junge Kinder ausschließlich auf die eigene Bedürfnisbefriedigung fokussiert und mit der Regulation eigener Lust- und Unlusterfahrungen beschäftigt. An dieser Sichtweise kamen zunehmend Zweifel auf. Vor allem Martin Hoffman (1982, 2000) hatte in den 1970er und 1980er Jahren des letzten Jahrhunderts theoretische Überlegungen zur Empathieentwicklung vorgelegt, nach welchen sich basale Empathiefähigkeiten bereits in den ersten Lebensjahren entwickeln würden. Nach Hoffman (2000) entsteht Empathie über eine Abfolge von Phasen, welche eng an die sozial-kognitiven Fähigkeiten der Kinder gekoppelt sind. Eine Rolle spielt dabei die zunehmende Differenzierung zwischen sich selbst und anderen Personen. Schon im ersten Lebensjahr würden Säuglinge durch die Emotionen anderer angesteckt (Gefühlsansteckung). Zum Beispiel beginnt ein Säugling zu weinen, wenn er das Weinen einer anderen Person wahrnimmt. Dies stellt jedoch noch keine empathische Reaktion dar. Im Laufe des zweiten Lebensjahres würden Kinder zunehmend fähig, sich auf die Gefühle anderer Personen zu fokussieren, ohne von diesen überwältigt zu werden. Zudem würden sie zunehmend den negativen Zustand des anderen verstehen und könnten dementsprechend adäquat darauf reagieren. Hier würde man von Empathie sprechen. Obwohl also theoretische Überlegungen für die Entwicklung empathischen Verhaltens im zweiten Lebensjahr sprachen, gab es bis dato nur wenige empirische Arbeiten (Bischof-Köhler, 1988; Zahn-Waxler et al., 1979). Die Studie von Zahn-Waxler und Kollegen (1992) zeichnete sich dabei durch eine Integration verschiedener methodischer Zugänge und eine hohe Systematizität der Beobachtungen aus und soll daher hier im Mittelpunkt stehen (siehe „Unter der Lupe“).

Unter der Lupe: Wichtige Begriffe (nach Bischof-Köhler, 2011)

Gefühlsansteckung: Der Beobachter empfindet das gleiche Gefühl wie eine andere Person, ohne dass ihr der andere als Quelle des Gefühls bewusst ist. Die meisten wissenschaftlichen Modelle gehen davon, dass die Gefühlsansteckung unbewusst bzw. automatisch geschieht.
Empathie: Erfahrung, der Gefühlslage einer anderen Person teilhaft zu sein und sie dadurch zu verstehen. Dabei bleibt klar, dass der andere die Quelle des Gefühls ist.
Emotionale Perspektivenübernahme: Kognitive Erschließung der emotionalen Verfassung einer anderen Person.
Mitgefühl: Anteilnahme am Leiden einer anderen Person. Damit geht der Impuls einher, die Ursache des Leids zu beseitigen und/oder die leidende Person zu trösten.
Prosoziales Verhalten: Verhalten, das einer anderen Person zugute kommt. Prosoziales Verhalten kann durch unterschiedliche Motive und Überlegungen (u.a. auch eigennützige Interessen) bedingt sein. Nach der Empathie-Altruismus-Hypothese ist Empathie ein wichtiger Faktor für altruistisches (d.h. uneigennütziges) prosoziales Verhalten.

Die Autoren untersuchten die Ontogenese empathischen Verhaltens im zweiten Lebensjahr mithilfe einer longitudinalen Studie. Zu mehreren Zeitpunkten erforschten sie die kindlichen Reaktionen auf wahrgenommenes als auch von ihnen selbst verursachtes Leiden. Zum einen baten sie die Mütter der Kinder, ihre Beobachtungen dazu im Alltag zu notieren und werteten diese Informationen systematisch aus. Zum anderen führten sie im Labor experimentell kontrollierte Beobachtungsstudien mit den Kindern durch, indem sie sie mit Personen konfrontierten, die Schmerzen oder Unbehagen simulierten. Zusätzlich wurde durch Untersuchung des *Spiegel-Selbst-Erkennens* die *Selbst-Andere-Unterscheidung* erfasst.

8.2 Das Experiment im Detail

Aufbau

Durch die Integration verschiedener Maße ist das Studiendesign relativ komplex. Ein großer Teil der Erhebungen fand im Haus der Familien statt. Zum einen wurden die Mütter gebeten, im Alltag Beobachtungen anzustellen und auf einem Diktiergerät aufzuzeichnen, wie ihre Kinder auf die Emotionen anderer Personen reagieren, die sie entweder nur wahrnahmen oder selbst verursacht hatten. Darüber hinaus wurden die Mütter gebeten, selbst in regelmäßigen Abständen verschiedene Emotionen zu simulieren (z. B. so zu tun, als hätte man sich wehgetan) und die Reaktionen ihrer Kinder darauf aufzuzeichnen. Zu ausgewählten Zeitpunkten wurden die Schmerzsimulationen der Mütter auch von einer Versuchsleiterin auf Video aufgenommen, um diese systematisch auszuwerten. Die Beobachtungen der Mütter wurden zu den drei Zeitpunkten zu Beginn des zweiten Lebensjahres, mit etwa 1,5 Jahren und mit etwa 2 Jahren systematisch ausgewertet. Im Alter von 2 Jahren wurden die Kinder im Forschungslabor mit einer Reihe unterschiedlicher Personen konfrontiert, die Schmerz oder Trauer simulierten. Neben der Mutter waren dies noch eine fremde Person (erwachsene Versuchsleiterin) sowie (über Tonband) das Schreien eines Babys.

Zu diesen drei Zeitpunkten wurde auch die Fähigkeit zum Selbsterkennen anhand einiger Aufgaben untersucht, unter anderem mithilfe des klassischen Tests zum Selbsterkennen im Spiegel (*Rouge-Test*). Dabei wird den Kindern (z. B. mit einem Lippenstift) unbemerkt ein roter Farbpunkt auf der Nase platziert. Es wird erfasst, ob sich die Kinder vor dem Spiegel stehend an die eigene Nase fassen oder andere Verhaltensweisen sehen lassen, die auf ein Selbsterkennen hindeuten.

Die Autoren kodierten die Reaktionen der Kinder auf unterschiedlichen Skalen. Vier sind besonders interessant. Zum einen wurde das Ausmaß empathischer Besorgtheit („*empathic concern*") kodiert. Dies beschreibt einen Zustand emotionaler Erregung, der Mitleid mit der anderen Person reflektiert, und kann anhand von Gesichtsausdrücken (z. B. ein mitleidsvoller Blick) und entsprechender Vokalisationen identifiziert werden. Eine weitere Skala betrifft das Hypothesentesten („*hypothesis testing*"), welches Verhaltensweisen beschreibt, die ein Verständnis der Situation widerspiegeln.

Darunter fallen sprachliche Beschreibungen der Situationen oder auch nonverbale Verhaltensweisen wie etwa Zeigegesten. Die erste dieser beiden Skalen spiegelt eher emotionale Aspekte der Empathie wider, während die zweite Skala mitunter auch als Aspekt der kognitiven Empathie angesehen wird (Zahn-Waxler et al., 1992). Davon abzugrenzen ist die Skala des eigenen Stresses („*self-distress*"), welche negative Emotionen und eigenes Unbehagen beschreibt, z.B. wenn das Kind wimmert oder weint. Als vierte Skala sei hier das prosoziale Verhalten („*prosocial behavior*") benannt. Hierunter fallen Verhaltensweisen, die auf die andere Person gerichtet sind und ihrem Zustand Abhilfe verschaffen sollen. Dies umfasst z.B. tröstende Verhaltensweisen wie Streicheln oder gutes Zureden.

Ergebnis und Interpretation

Die Analysen zeigten, dass sowohl empathische Besorgtheit als auch Hypothesentesten und prosoziales Verhalten im Laufe des zweiten Lebensjahres zunahmen. Dies war vor allem der Fall, wenn sie das Leiden anderer Personen beobachteten, weniger jedoch, wenn sie es selbst verursacht hatten. Mit 2 Jahren zeigten fast alle Kinder vielfältige prosoziale Verhaltensweisen. Dabei hingen diese Verhaltensweisen auch miteinander zusammen. Je stärker empathische Besorgtheit und Hypothesentesten ausgeprägt waren (Abb. 8.1), desto mehr prosoziales Verhalten zeigten die Kinder.

In Situationen, in denen die Kinder das Leiden anderer beobachteten (ohne es verursacht zu haben), deutete sich ein Rückgang des eigenen Stresses im Laufe des zweiten Lebensjahres an, der aber nicht statistisch signifikant wurde. Auch die Fähigkeit zum Selbsterkennen stieg im Laufe des zweiten Lebensjahres an: Je älter die Kinder waren, desto mehr Aufgaben zum Selbsterkennen lösten sie. Im Einklang mit den Erwartungen der Autoren fanden sich Zusammenhänge zwischen der Fähigkeit zum Selbsterkennen und dem Ausmaß empathischer Reaktionen und prosozialen Verhaltens. Darüber hinaus zeigte sich teilweise eine moderate Stabilität der empathischen und prosozialen Verhaltensweisen zwischen 1,5 und 2 Jahren. Das bedeutet, dass die Kinder, die mit 1,5 Jahren eher empathisch und prosozial reagierten, dies auch mit 2 Jahren vermehrt taten.

Abb. 8.1: Anteilnehmender Gesichtsausdruck eines jungen Kindes

Im Alter von 2 Jahren wurde die Reaktion der Kinder auf unterschiedliche Personen in Schmerz und Trauer untersucht; einmal bei ihrer Mutter, dann bei einer fremden Versuchsleiterin sowie bei einem Baby. Dabei zeigte sich, dass die Kinder gegenüber allen Personen empathische Besorgtheit und Hypothesentesten sehen ließen. Prosoziales Verhalten zeigten sie jedoch nur gegenüber ihrer Mutter. Dies zeigt, dass empathische Besorgtheit nicht auf bekannte Personen beschränkt ist. Gleichzeitig scheint die Umsetzung der Besorgtheit in tatsächliches Handeln von dem Ausmaß der Vertrautheit abzuhängen.

Insgesamt lässt sich festhalten, dass die Studie die These bestätigt, dass sich empathische Besorgtheit und prosoziales Verhalten im zweiten Lebensjahr entwickeln. Die Zusammenhänge zwischen empathischer Besorgtheit und prosozialem Verhalten sind im Einklang mit der *Empathie-Altruismus-Hypothese* (Batson, 1991), die festhält, dass das Empfinden von Empathie die Tendenz zu (altruistischem) prosozialen Verhalten erhöht. Zugleich liefern sie Evidenz für die Annahme, dass die Entwicklung der Selbst-Andere-Unterscheidung und damit eines rudimentären Selbstkonzeptes eine Voraussetzung für die Entstehung von Empathie ist. Erst in dem Ausmaß, in dem das Kind die negativen Emotionen auf den Zustand der anderen Person attribuieren kann, kann es ihr gegenüber Empathie empfinden und prosozial handeln.

Bedeutung und Bewertung

Die Bedeutung der Studie liegt in der Abkehr von zentralen Annahmen sowohl der freudschen als auch der piagetschen Theorie. So unterschiedlich beide sind, stimmen sie doch in der Grundannahme überein, dass Kleinkinder egozentrische Wesen sind, die des emotionalen Zustandes anderer Menschen nicht teilhaftig sein können und nicht fürsorglich handeln. Im Kontrast dazu zeigten Zahn-Waxler und Kollegen (1992), dass sich zentrale Aspekte empathischen Empfindens und prosozialen Verhaltens im zweiten Lebensjahr entwickeln. Kleinkinder zeigten einen besorgten Gesichtsausdruck und Verhaltensweisen wie Trösten oder Gut-Zureden, wenn sie ihre Mutter in Schmerzen erlebten. Auch gegenüber einer fremden Person zeigten sie Ausdrücke empathischer Besorgtheit. Obgleich Empathie und Fürsorge bei kleinen Kindern nur in rudimentärer Form vorhanden sind, lässt sich die These einer reinen Egozentrizität so nicht mehr halten.

Die Studie und die mit ihr verbundene Forschungsrichtung legte den Fokus auf die emotionalen Aspekte von Verhaltensweisen, die im weitesten Sinne der moralischen Domäne zugerechnet werden. Unter Bezugnahme auf moralphilosophische Überlegungen Kants (1785) hatten sich Kohlberg und seine Nachfolger (Kohlberg, 1981), aber auch seine Kritiker (Turiel, 1983) vor allem mit den kognitiven Dimensionen der Moral, insbesondere der Entwicklung moralischer Urteile auseinandergesetzt. Dazu hatten sie ihren Versuchsteilnehmern Geschichten von Personen vorgelegt, die sich regelkonform oder regelverletzend verhielten, und sie um ihre Einschätzung gebeten. Im Gegensatz dazu lenkten Zahn-Waxler und Kollegen (1992) den Blick auf die emotionalen Aspekte der menschlichen Moralentwicklung. Sie zeigten dabei, dass grundlegende Formen menschlicher Moralität keiner komplexen kognitiven Ausstattung bedürfen. Obgleich es gute Gründe für die Annahme gibt, dass moralisches Urteilen die zentrale Dimension menschlicher Moral darstellt (Nunner-Winkler/Paulus, 2018), richtete die Empathieforschung den Blick zu Recht auf die affektive Basis der moralischen Entwicklung. Infolge dieser Forschungsarbeiten rückten zunehmend Fragen nach der Entwicklung moralischer Emotionen wie Schuld und Reue in den Mittelpunkt der Forschung (Malti/Krettenauer, 2013; Malti/Latzko, 2010).

Das Paradigma (Schmerzsimulation) und die spezifischen Verhaltensskalen (z.B., empathische Besorgtheit, Hypothesentesten) wurden breit rezipiert und werden in einer großen Anzahl an Folgeforschungen eingesetzt. Sie erlauben eine verhaltensnähere Erfassung fürsorglichen Verhaltens als es über Fragebogenmaße gemeinhin möglich ist. Longitudinale Studien widmeten sich z.B. der Frage nach der Stabilität interindividueller Unterschiede über weitere Altersbereiche. Im Kleinkindalter fanden sich schwache bis mittlere Zusammenhänge (Knafo et al., 2008). Kienbaum (2014) berichtete von einer teilweise sogar hohen Stabilität zwischen 5 und 7 Jahren. Dies spricht dafür, dass sich im Kindergartenalter Unterschiede in Empathie oder Mitleid ausbilden, die zumindest über die Kindheit hinweg stabil bleiben.

Weitere Fragen widmeten sich den entwicklungspsychologischen Grundlagen und frühen Korrelaten empathischen Verhaltens. Zwillingsstudien sprechen dafür, dass im Laufe der Entwicklung der Einfluss von Erbanlagen zu- und der Einfluss der geteilten Umwelt abnimmt (Knafo et al., 2008). Zusammenhänge mit dem Verhalten von Bezugspersonen zeigten sich in weiteren Studien. Im Kindergartenkontext fanden sich Zusammenhänge zwischen warmen, zuwendenden Verhaltensweisen von Seiten der ErzieherInnen und dem empathischen Verhalten auf Seiten der Kinder (Kienbaum, 2001). Darüber hinaus fanden sich Zusammenhänge zwischen dem Emotionsdiskurs (d.h., wie sehr in Gesprächen auf emotionale Zustände eingegangen wird) zwischen Eltern und Kindern und dem empathischen Verhalten der Kinder (Brownell et al., 2013). Obgleich dies nur ein korrelativer Befund ist, legt er die Möglichkeit nahe, dass die Empathieentwicklung durch das Sprechen über Emotionen unterstützt wird.

Die Befunde von Zahn-Waxler und Kollegen (1992), zusammen mit denen anderer (Bischof-Köhler, 1988), lenken den Blick auch auf die der Empathie vorauslaufenden psychischen Prozesse, insbesondere die Gefühlsansteckung. Wie kommt es überhaupt dazu, dass bereits Säuglinge durch die Emotionen anderer angesteckt werden, d.h., weinen, wenn jemand anders weint, oder lachen, wenn jemand anders lacht? Diese Frage ist eng mit Fragen nach der Entwicklung der Imitationsfähigkeit verbunden. Einflussreiche theoretische Modelle gehen davon aus, dass die Gefühlsansteckung über einen Lernprozess vermittelt sein könnte (Bischof-Köhler, 2011). In ihrer eigenen Erfahrung ist ein trauriger Gefühlszustand an bestimmte lautliche Äußerungen gekoppelt (z.B. Säuglinge weinen) und damit nach den Lerngesetzen assoziiert. Falls die Kinder nun in einer späteren Situation ähnliche Laute hören (hier: Weinen), wird der damit assoziierte Gefühlszustand ausgelöst. Das heißt, es kommt zur Gefühlsansteckung. Es gibt bislang jedoch nur wenige Studien, die die psychologische Basis der Gefühlsansteckung im Säuglingsalter systematisch untersuchen.

Eine spannende Debatte hat sich um den postulierten Zusammenhang zwischen dem Erwerb der Selbst-Andere-Differenzierung und der Entstehung von Empathie entsponnen (Bischof-Köhler, 2012a). Während bei Zahn-Waxler et al. (1992) und weiteren Studien (Bischof-Köhler, 1988) entsprechende Zusammenhänge gefunden wurden, ist dies nicht immer der Fall. In einer aktuellen Studie fand sich ein Zusammenhang zwischen Spiegelselbsterkennen und prosozialem Verhalten nur für ein deutsches Sample, nicht jedoch für ein indisches Sample (Kärtner et al., 2010). Es könnte sein, dass der Zusammenhang zwischen Selbstkonzept und Empathie einen spezifisch westlichen Entwicklungspfad darstellt, der für weniger individualistische Kulturen so nicht gilt. Mit anderen Worten: Dies könnte darauf hindeuten, dass es kulturspezifische Entwicklungspfade gibt (Kärtner/Keller, 2012). Jedoch ist diese Deutung nicht ohne Widerspruch geblieben (Bischof-Köhler, 2012b).

Zusammenfassend sehen wir einen spannenden Diskurs um die sozialen und kognitiven Ursprünge der Empathie, der die Entwicklungspsychologie auch in den nächsten Jahren noch beschäftigen wird.

Die Studie von Zahn-Waxler und KollegInnen hat zu einer neuen Auffassung der sozial-emotionalen Entwicklung in den ersten Lebensjahren beigetragen. Kleinkinder sind keine rein egozentrischen Wesen, sondern sind ab dem zweiten Lebensjahr fähig, der Gefühle anderer teilhaftig zu werden und Mitleid zu empfinden. Eine wichtige Rolle scheint dabei die entstehende Selbst-Andere-Differenzierung zu spielen. Durch ihre hohe Systematizität und ihre breite Erfassung vielfältiger kindlicher Reaktionen gilt sie bis heute als Meilenstein in der Entwicklungspsychologie.

8.3 Lernen und Lesen

1. Welche Entwicklungstendenzen fanden sich in der Studie von Zahn-Waxler und KollegInnen (1992)?
2. Inwieweit zeichnen die Befunde ein anderes Bild von jungen Kindern als dies die Ansätze von Freud oder Piaget taten?

TEDxGoldenGateED Video - Carolyn Zahn-Waxler über „Origins of Compassion/Empathy“: www.youtube.com/watch?v=sVtXeDcYJfY

Batson, C. D. (1991). The altruism question: Toward a social-psychological answer. Hillsdale, NJ: Erlbaum.

Bischof-Köhler, D. (1988). Über den Zusammenhang von Empathie und der Fähigkeit, sich im Spiegel zu erkennen. Schweizerische Zeitschrift für Psychologie, 47, 147–159.

Bischof-Köhler, D. (2011). Soziale Entwicklung in Kindheit und Jugend. Bindung, Empathie, Theory of Mind. Stuttgart: Kohlhammer.

Bischof-Köhler, D. (2012a). Empathy and self-recognition in phylogenetic and ontogenetic perspective. Emotion Review, 4(1), 40–48. doi: 10.1177/1754073911421377

Bischof-Köhler, D. (2012b). Author reply: Empathy and self-recognition in phylogenetic and ontogenetic perspective: Author response to commentaries of Kärtner and Keller and Klann-Delius. Emotion Review, 4(1), 53–54. doi: 10.1177/1754073911421393

Brownell, C. A., Svetlova, M., Anderson, R., Nichols, S. R., & Drummond, J. (2013). Socialization of early prosocial behavior: Parents' talk about emotions is associated with sharing and helping in toddlers. Infancy, 18(1), 91–119. doi: 10.1111/j.1532-7078.2012.00125.x

Freud, S. (2010). Abriss der Psychoanalyse. Herausgegeben von Hans-Martin Lohmann. Stuttgart: Reclam.

Hoffmann, M. L. (1982). Development of prosocial motivation: Empathy and guilt. In N. Eisenberg-Berg (Ed.), The development of prosocial behavior (pp. 281–313). New York, NY, US: New York: Academic Press. doi: 10.1016/B978-0-12-234980-5.50016-X

Hoffmann, M.L. (2000). Empathy and moral development: Implications for caring and justice. New York, NY, US: Cambridge University Press.

Kant, I. (1785). Grundlegung zur Metaphysik der Sitten. Frankfurt am Main: Suhrkamp.

Kärtner, J., & Keller, H. (2012). Comment: Culture-specific developmental pathways to prosocial behavior: A comment on Bischof-Köhler's universalist perspective. Emotion Review, 4(1), 49–50. doi: 10.1177/1754073911421383

Kärtner, J., Keller, H., & Chaudhary, N. (2010). Cognitive and social influences on early prosocial behavior in two sociocultural contexts. Developmental Psychology, 77(1), 112. doi: 10.1037/a0019718

Kienbaum, J. (2001). The socialization of compassionate behavior by child care teachers. Early Education and Development, 12(1), 139–153.

Kienbaum, J. (2014). The development of sympathy from 5 to 7 years: Increase, decline, or stability? A longitudinal study. Frontiers in Psychology, 5, 468. doi: 10.3389/fpsyg.2014.00468

Knafo, A., Zahn-Waxler, C., Van Hulle, C., Robinson, J.A.L., & Rhee, S.H. (2008). The developmental origins of a disposition toward empathy: Genetic and environmental contributions. Emotion, 8(6), 737–752. doi: 10.1037/a0014179

Kohlberg, L. (1981). The philosophy of moral development: Moral stages and the idea of justice (Essays on moral development, volume 1). San Fransisco, US: Harper & Row.

Malti, T., & Krettenauer, T. (2013). The relation of moral emotion attributions to prosocial and antisocial behavior: A meta-analysis. Child Development, 84(2), 397–412. doi: 10.1111/j.1467-8624.2012.01851.x

Malti, T., & Latzko, B. (2010). Children's moral emotions and moral cognition: Towards an integrative perspective. New Directions for Child and Adolescent Development, 2010 (129), 1–10. doi: 10.1002/cd.272

Nunner-Winkler, G., & Paulus, M. (2018). Prosoziale und moralische Entwicklung. In W. Schneider & U. Lindenberger (Eds.), Entwicklungspsychologie (S. 537–557). Weinheim: Beltz.

Turiel, E. (1983). The development of social knowledge: Morality and convention. New York, NY, US: Cambridge University Press.

Zahn-Waxler, C., Radke-Yarrow, M., & King, R.A. (1979). Child rearing and children's prosocial initiations toward victims of distress. Child Development, 50(2), 319–330. doi: 10.1111/j.1467-8624.1979.tb04112.x

Zahn-Waxler, C., Radke-Yarrow, M., Wagner, E., & Chapman, M. (1992). Development of concern for others. Developmental Psychology, 28(1), 126–136. doi: 10.1037/0012-1649.28.1.126

9 „bidaku oder dapiku?" Wie lernen Kinder die Struktur ihrer Sprache?

Saffrans Studie zum statistischen Lernen im Säuglingsalter

Quelle:
Saffran, J. R., Aslin, R. N., & Newport, E. L. (1996). Statistical learning by 8-month-old infants. Science, 274(5294), 1926–1928.

Kurzbiografie:
Jenny R. Saffran studierte Psychologie an der Brown University und der University of Rochester, wo sie auch promovierte. Seit 1997 ist sie Professorin für Psychologie an der Universität von Wisconsin in Madison.

In den ersten beiden Lebensjahren machen junge Kinder oftmals atemraubende Entwicklungsfortschritte. Sie erwerben grundlegendes Wissen über die Welt und die Grundlagen ihrer Muttersprache. Wie sind diese rapiden Entwicklungsfortschritte möglich? Jenny Saffran und Kollegen verfolgten die Hypothese, dass Säuglinge eine herausragende Fähigkeit besitzen, statistische Regelmäßigkeiten und Strukturen in ihrer Umwelt zu erkennen, und dass diese Fähigkeit zum statistischen Lernen eine zentrale Basis ihrer Lernfortschritte sein könnte. Diese Hypothese untersuchten sie im Rahmen einer Studie zum Spracherwerb. Dazu präsentierten die Forscher den Säuglingen in zwei Experimenten zuerst einen Strom von Silben (z. B. bidakupadotigolabubidaku), innerhalb derer bestimmte Silbenfolgen regelmäßig wiederkehrten (hier: bidaku). In der Testphase wurden Sequenzen präsentiert, in denen diese Silbenfolgen eingehalten wurden (z. B. bidaku) oder Veränderungen (z. B. dapiku) vorkamen. Die Kinder zeigten mehr Aufmerksamkeit bei einer Veränderung der ursprünglichen Silbenfolgen. Dies spricht dafür, dass Säuglinge im ersten Lebensjahr die Fähigkeit haben, statistische Regelmäßigkeiten in ihrer Umwelt zu entdecken und daraus zu lernen. Dies könnte ein zentraler Mechanismus sein, der – auch über die Sprache hinausgehend – für den raschen Wissens- und Fähigkeitserwerb in den ersten Lebensjahren verantwortlich ist.

9.1 Ausgangspunkt und leitende Frage

Eine zentrale Frage der Forschung zur Sprachentwicklung ist, wie junge Kinder so rasch die Grundstrukturen ihrer Muttersprache erwerben. Sprachen sind unglaublich komplexe Phänomene. Sie bestehen aus Tausenden von Wörtern, die sich in ihren unterschiedlichen Flexionsformen mitunter auch noch sehr unterscheiden (z.B. er geht, er ging, er ist gegangen). Wörter sind in einen kontinuierlichen Strom von Geräuschen und Tönen eingebettet. Jeder, der muttersprachlichen SprecherInnen einer Fremdsprache zuhört, die sich miteinander unterhalten, kennt die Schwierigkeit, überhaupt distinkte Wörter zu identifizieren. Als Erwachsene kennen wir zumindest schon eine Sprache und verfügen über immenses Wissen über unsere Welt – und haben trotzdem diese Schwierigkeiten. Wie ist es dann überhaupt möglich, dass ein Säugling innerhalb der ersten beiden Jahre zentrale Elemente einer Sprache erwirbt, sodass er im Alter von 18–24 Monaten schon über 200 Wörter verfügt (Hart / Risley, 1995) bzw. im Alter von 3 Jahren um zentrale grammatische Strukturen wie die Subjekt-Prädikat-Objekt-Struktur weiß (Szagun, 2013)?

Eine klassische Antwort auf diese Frage findet sich in der Theorie der *Generativen Transformationsgrammatik*, die im Wesentlichen auf Noam Chomsky zurückgeht (Chomsky 1968). Chomskys Überlegungen starteten mit dem *Poverty of the Stimulus Argument*, wonach die von außen kommenden Informationen nicht ausreichend (d.h., zu „arm“) und unklar sind, um den schnellen Wissenserwerb und die hohe Flexibilität im Gebrauch der Sprache (z.B. die Fähigkeit, neue Sätze zu bilden und zu verstehen) zu erklären. Diese Theorie postuliert daher die Existenz einer angeborenen und universal geteilten grammatischen Tiefenstruktur, die jungen Kindern einen raschen Erwerb der jeweiligen Muttersprache erlaubt. Diese umfasst grundlegendes Wissen über grammatische Regeln und teilweise auch allgemeines Wissen über Sprache, so zum Beispiel, dass Sätze aus Subjekt, Prädikat und Objekt bestehen. Diese Tiefenstruktur gibt gewissermaßen den Rahmen vor, innerhalb dessen sich eine natürliche Sprache bewegen kann und leitet damit den Lernprozess der Kinder. Die Annahme, dass der Erwerb der komplexen Strukturen einer Sprache nicht nur über gewöhnliche Lernprozesse laufen kann und daher auf angeborenem Wissen bzw. angeborenen Strukturen basieren muss, hat lange Zeit die Forschung zum frühen Spracherwerb dominiert.

Vor diesem Hintergrund stellt die Arbeit von Saffran und Kollegen eine bedeutsame Untersuchung der Lernfähigkeiten junger Kinder dar. Sie stellten sich die Frage, ob Säuglinge Regelmäßigkeiten rein aufgrund des Inputs aus der Umwelt erkennen können. Ihre konkrete Frage dabei war, ob Säuglinge aus dem gleichmäßigen Sprachstrom, der täglich auf sie einprasselt, distinkte Wörter erkennen können. Saffran und Kollegen verfolgten die Hypothese, dass Säuglinge statistische Regelmäßigkeiten in der Sprache nutzen, um Wörter zu identifizieren: Silben, die ein Wort bilden, tauchen häufiger in einer bestimmten Reihenfolge auf, als Silben, die zu unterschiedlichen Wörtern gehören. Mit anderen Worten: Können Kinder einen Teil der Probleme des Spracherwerbs lösen, ohne dass wir Annahmen über angeborenes Vorwissen treffen müssen?

Um dies zu untersuchen, konfrontierten sie 8 Monate alte Kinder mit einer kontinuierlichen Abfolge von Silben, innerhalb derer manche Silben jeweils in einer festen Abfolge auftraten und somit eine Art identifizierbares „Wort“ darstellten. Die spannende Frage war, ob die jungen Säuglinge diese Regelmäßigkeiten erkennen und diese „Wörter“ allein durch ihr regelmäßiges Vorkommen innerhalb des kontinuierlichen Silbenstroms identifizieren würden.

9.2 Das Experiment im Detail

Aufbau

Die Studie bestand aus zwei Experimenten, in denen die Reaktionen der 8 Monate alten Säuglinge auf Durchgänge erfasst wurden, in denen eine vorher mehrmals gehörte Silbenfolge verändert wurde oder erhalten blieb. Beide Experimente folgten demselben Aufbau und nutzten die sog. *Head-turn*-Präferenzmethode (siehe „Unter der Lupe“).

Unter der Lupe: Head-turn-Präferenzmethode

Die *Head-turn*-Präferenzmethode ist eine der klassischen Methoden, mit der die frühe Sprachentwicklung erforscht wird. Sie ähnelt visuellen Habituations-Dishabituations-Paradigmen (Kap. 5), da sie davon ausgeht, dass Kinder mehr Aufmerksamkeit für neuartige Reize aufbringen. Die Kinder sitzen dabei in einer speziellen Kabine, vor ihnen ist eine Lampe angebracht. An der rechten und linken Seitenwand sind sowohl eine Lampe als auch ein Lautsprecher angebracht.

In der Familiarisierungsphase werden die Kinder mit bestimmten Lauten vertraut gemacht. Dazu wird ihre Aufmerksamkeit zuerst durch die zentrale Lampe angezogen und dann auf eine Seitenlampe gelenkt (daher der Begriff „*head turn*"). Zugleich wird durch den Lautsprecher der auditive Stimulus dargeboten, bis ihre Blickzeit unter ein vorab gesetztes Kriterium sinkt (sie z. B. mehr als 2 Sekunden wegblicken) oder eine vorab festgelegte Zeitdauer abgelaufen ist. Sobald die Kinder längere Zeit wegblicken oder die Gesamtzeit abgelaufen ist, erlischt das Licht, die Tonwiedergabe stoppt und der Trial ist beendet. Nach einer bestimmten Anzahl von Familiarisierungstrials wird die Testphase eingeleitet. In der Testphase werden mehrere Testtrials durchgeführt, in welchen die Aufmerksamkeit jeweils auf eine der Seitenlampen gelenkt wird. In diesen werden in der Regel alternierend der vertraute auditive Stimulus (aus der Familiarisierungsphase) und ein neuer Stimulus dargeboten. Eine längere Blickzeit in Trials mit neuem (nichtfamiliarisierten) Stimulus im Vergleich zu Trials mit bereits bekanntem Stimulus zeigt an, dass sie die neuen von den bereits bekannten Stimuli unterscheiden können.

Im ersten Experiment wurden die Kinder für 2 Minuten mit einer Abfolge von Silben familiarisiert, innerhalb der vier dreisilbige künstliche „Wörter" (z. B. bidaku) in zufälliger Reihenfolge wiederholt vorkamen. Die Silben wurden gleichmäßig ausgesprochen, sodass es keine Unterschiede in Intonation oder Pausen zwischen einzelnen Silben gab. Da die drei Silben der Wörter immer in der gleichen Reihenfolge vorkamen, gab es eine perfekte Wahrscheinlichkeit von $p=1$, dass z. B. beim Wort *bidaku da* auf *bi* folgte, während die Übergangswahrscheinlichkeit zwischen allen anderen Silben bei $p=0{,}33$ lag. Die Testphase bestand aus 12 Testtrials, die in zufälliger Reihenfolge dargeboten wurden und in denen die kindliche Blickzeit gemessen wurde. In sechs Trials wurden aus der Familiarisierungsphase bekannte Wörter wiederholt dargeboten. In den anderen sechs Trials wurden neue Wörter dargeboten, die aus einer neuen Kombination der aus der Familiarisierung bekannten Silben bestanden. Falls die Kinder imstande waren, aus der 2-minütigen Silbenfolge die regelmäßig wiederkehrenden Wörter zu identifizieren, sollten sie bei den neuen Silbenfolgen länger gucken.

Das zweite Experiment folgte dem gleichen Aufbau wie das erste Experiment. Der große Unterschied war jedoch, dass in der Testphase bekannte Wörter mit „Teil-Wörtern" verglichen wurden. Diese bestanden aus der letzten Silbe eines aus der Familiarisierung bekannten Wortes und den ersten zwei Silben eines anderen bekannten Wortes. Die Zusammenstellung dieser drei Silben war also neu. Experiment 2 stellt damit einen strengeren Test dar als Experiment 1.

Ergebnis und Interpretation

In beiden Experimenten zeigte sich, dass die Kinder längere Zeit den jeweils neuen Wörtern lauschten. Das heißt, sie waren imstande, aus der nur 2-minütigen Familiarisierungsphase die regelmäßig wiederkehrenden Silbengruppen („Wörter") zu erkennen und von neuartigen Zusammenstellungen (Experiment 1) und ähnlichen Teilwörtern (Experiment 2) zu unterscheiden. Dies spricht dafür, dass Säuglinge im ersten Lebensjahr über bemerkenswerte Fähigkeiten zum statistischen Lernen verfügen.

Bedeutung und Bewertung

Die große Bedeutung der Studie liegt in ihrer Problematisierung einer zentralen Annahme zentraler Theorien der Sprachentwicklung. Die Studie demonstriert, dass Säuglinge über die Fähigkeit verfügen, statistische Regelmäßigkeiten zu erkennen. Dadurch sind sie in der Lage, aus dem kontinuierlichen Strom der auf sie eintreffenden Eindrücke z.B. Wörter zu isolieren und wiederzuerkennen. Falls nun junge Kinder über bedeutend größere statische Lernfähigkeiten verfügen als bislang gedacht, fällt die Notwendigkeit weg, angeborenes Wissen postulieren zu müssen, um die rapiden Entwicklungsfortschritte erklären zu können. Es könnte sein, dass Säuglinge viel mehr durch Erfahrungen, d.h. durch die

Beobachtung ihrer Umwelt und genaues Zuhören, lernen können, als bislang gedacht. Die Fähigkeit, auch Regelmäßigkeiten in weiter auseinanderliegenden Satzteilen (sog. *„non-adjacent dependencies"*) zu entdecken (z.B. dass das Verb im Plural steht, falls das Subjekt im Plural steht) könnte eine zentrale Rolle im Erwerb der Syntax spielen (Höhle et al., 2006).

Diese Fähigkeiten zum statistischen Lernen wurden in vielen Studien repliziert und auf vielfältige Bereiche und Domänen ausgeweitet. Waren die ersten Studien von Saffran und Kollegen auf auditives Material und Sprache beschränkt (Saffran et al., 1999), zeigten weitere Studien ähnliche Lernfähigkeiten für visuelle Regelmäßigkeiten (Kirkham et al., 2002), Identitäten von Gesichtern (Altvater-Mackensen et al., 2017) oder räumliche Muster (Kirkham et al., 2007). Die Fähigkeit, Muster zu erkennen, könnte auch eine wichtige Rolle in der Entwicklung des Verständnisses der Handlungen anderer Personen spielen (Hunnius / Bekkering, 2014). Neuere Studien zeigen, dass diese Fähigkeit bei Kindern mit Autismus-Spektrumsstörungen eingeschränkt sein könnte (Schuwerk et al., 2016). Aufgrund dieser breiten Bedeutung der Rolle statistischen Lernens für eine Vielzahl unterschiedlicher Fertigkeiten spricht man von einem domänenübergreifenden und generellen Lernmechanismus (Kirkham et al., 2002).

Angesichts dieser faszinierenden Fähigkeiten stellt sich die Frage, warum wir uns als Erwachsene so schwer damit tun, was jungen Kindern scheinbar mühelos gelingt. Eine rezenter Vorschlag besagt, dass gerade die mangelnde kognitive Kontrolle in der frühen Kindheit dafür verantwortlich sein könnte (Thompson-Schill et al., 2009). Neurokognitive Forschung hat gezeigt, dass der präfrontale Kortex, der eine wichtige Rolle für kognitive Kontrolle spielt, durch eine langsame Entwicklung gekennzeichnet ist. Dies geht mit einer nur gering ausgeprägten Selbst- und Handlungskontrolle bei jungen Kindern einher (Kap. 7). Kognitive Kontrolle führt dazu, dass wir nicht nur im Hier und Jetzt leben, sondern in der Lage sind, Ziele und Pläne zu verfolgen. Diese umfassen nicht nur sehr langfristige Ziele, wie etwa einen bestimmten Schul- oder Studienabschluss zu erreichen, sondern auch kurzfristigere Ziele, wie etwa Freunde im Café zu treffen oder etwas Bestimmtes zu kochen. Diese Pläne führen dazu, dass wir im Alltag unsere Handlungen und Informationsaufnahme so strukturieren, dass sie dem Erreichen unserer Ziele dienen. Wenn wir etwa durch die Stadt laufen, um eine Freundin in einem Café zu treffen, nehmen wir die Informationen auf, die notwendig sind: wir achten auf den Straßenverkehr, ob wir einem anderen Fußgänger ausweichen müssen, oder ob das Wetter umschlagen könnte; nebenher sind wir vielleicht noch in Gedanken, was wir am Abend unternehmen könnten oder welche weiteren Aufgaben es noch zu tun gibt.

Sehr junge Kinder leben ohne Pläne im Hier und Jetzt. Dies zeigt sich darin, dass sie notorisch schnell ablenkbar und viel offener gegenüber den unmittelbar auf sie einströmenden Sinneseindrücken sind. Dadurch sind sie wahrscheinlich viel aufmerksamer gegenüber Regelmäßigkeiten in ihrer Umwelt und lernen quasi automatisch. In der Tat zeigen neurokognitive Studien, dass Säuglinge, aber nicht Erwachsene durch reines Zuhören implizit die Regeln einer künstlichen Grammatik erlernen konnten. Erwachsene waren auch dazu in der Lage, aber nur wenn sie explizit darauf fokussierten (Müller et al., 2012). Neuere Studien zeigen in manchen Bereichen einen Rückgang im automatischen Regellernen schon im Alter zwischen 2 und 4 Jahren (Müller et al., 2018). Dies spricht dafür, dass es im Laufe der kognitiven Entwicklung zu einem komplexen Zusammenspiel von eher automatisch ablaufenden statistischen Lernprozessen und kognitiven Kontrollprozessen kommt. Dies könnte ein Teil der Erklärung sein, warum es gerade jungen Kindern noch so leicht fällt, eine neue Sprache zu erwerben, während wir uns als Erwachsene so schwer damit tun.

Die Studie von Saffran und Kollegen eröffnet einen neuen Blick auf die Lernfähigkeiten junger Kinder . Die Befunde dieser Arbeit sowie der auf sie aufbauenden Studien legen nahe, dass Säuglinge beeindruckende Lernfähigkeiten haben und vielleicht mehr Wissen durch Erfahrung erwerben können als bislang gedacht. Aufgrund dieser neuen Perspektive und ihres inspirierenden Einflusses auf darauf aufbauende Forschungsprogramme kann sie als ein Schlüsselexperiment der Entwicklungspsychologie bezeichnet werden.

9.3 Lernen und Lesen

1. Aus welchem Grund sind die Befunde zum statistischen Lernen im Säuglingsalter relevant für Theorien der Sprachentwicklung?
2. Wie untersuchten Saffran und Kollegen die Lernfähigkeiten von Säuglingen?
3. Wie lässt sich erklären, dass Erwachsene scheinbar geringere Fähigkeiten zum impliziten Lernen statistischer Regelmäßigkeiten zeigen als junge Kinder?

Video „Three procedures for investigating infant speech perception and language development“ (Headturn Paradigma ab 5:28): https://www.youtube.com/watch?v=EFlxiflDk_o

Altvater-Mackensen, N., Jessen, S., & Grossmann, T. (2017). Brain responses reveal that infants' face discrimination is guided by statistical learning from distributional information. Developmental Science, 20(2), e12393. doi: 10.1111/desc.12393

Chomsky, N. (1968). Language and mind. New York, NY, US: Harcourt Brace & World.

Hart, B., & Risley, T.R. (1995). Meaningful differences in the everyday experience of young American children. Baltimore, MD, US: Paul H. Brookes Publishing.

Höhle, B., Schmitz, M., Santelmann, L.M., & Weissenborn, J. (2006). The recognition of discontinuous verbal dependencies by German 19-month-olds: Evidence for lexical and structural influences on children's early processing capacities. Language Learning and Development, 2(4), 277–300. doi:10.1207/s15473341lld0204_3

Hunnius, S., & Bekkering, H. (2014). What are you doing? How active and observational experience shape infants' action understanding. Philosophical Transactions of the Royal Society B: Biological Sciences, 369(1644), 20130490. doi: 10.1098/rstb.2013.0490

Kirkham, N.Z., Slemmer, J.A., & Johnson, S.P. (2002). Visual statistical learning in infancy: Evidence for a domain general learning mechanism. Cognition, 83(2), B35-B42. doi: 10.1016/S0010-0277(02)00004-5

Kirkham, N.Z., Slemmer, J.A., Richardson, D.C., & Johnson, S.P. (2007). Location, location, location: Development of spatiotemporal sequence learning in infancy. Child Development, 78(5), 1559–1571. doi: 10.1111/j.1467-8624.2007.01083.x

Müller, J.L., Friederici, A., & Männel, C. (2012). Auditory perception at the root of language learning. Proceedings of the National Academy of Sciences of the United States of America, 109(39), 15953-15958.

Müller, J. L., Friederici, A., & Männel, C.(2018). Developmental changes in automatic rule-learning mechanisms across early childhood. Developmental Science, 22(1), e12700. doi: https://doi.org/10.1111/desc.12700

Saffran, J. R., Aslin, R. N., & Newport, E. L. (1996). Statistical learning by 8-month-old infants. Science, 274(5294), 1926–1928. doi: 10.1126/science.274.5294.1926

Saffran, J. R., Johnson, E. K., Aslin, R. N., & Newport, E. L. (1999). Statistical learning of tone sequences by human infants and adults. Cognition, 70(1), 27–52. doi: 10.1016/S0010-0277(98)00075-4

Schuwerk, T., Sodian, B., & Paulus, M. (2016). Cognitive mechanisms underlying action prediction in children and adults with autism spectrum condition. Journal of Autism and Developmental Disorders, 46(12), 3623-3639.

Szagun, G. (2013). Sprachentwicklung beim Kind: Ein Lerhbuch. Weinheim, Basel: Beltz Psychologie.

Thompson-Schill, S. L., Ramscar, M., & Chrysikou, E. G. (2009). Cognition without control: When a little frontal lobe goes a long way. Current Directions in Psychological Science, 18(5), 259–263. doi: 10.1111/j.1467-8721.2009.01648.x

10 Ab wann erkennen Säuglinge, dass Menschen zielgerichtet handeln?

Woodwards Studie zum Zielverständnis bei Säuglingen

Quelle:
Woodward, A. (1998). Infants selectively encode the goal object of an actor's reach. Cognition, 69, 1–34.

Kurzbiografie:
Amanda Woodward studierte Psychologie am Swarthmore College und promovierte 1992 in Stanford. Sie ist gegenwärtig Professorin für Entwicklungspsychologie an der University of Chicago.

In einer Serie von vier Experimenten mit 5–10 Monate alten Säuglingen untersuchte Amanda Woodward, wie junge Kinder die Handlungen anderer Personen wahrnehmen und verarbeiten. Ihre zentrale Frage war, ob Säuglinge bevorzugt das Ziel einer beobachteten Handlung (z. B. das von einer Hand gegriffene Objekt) enkodieren und dafür andere raumzeitliche Aspekte (wie etwa den genauen Bewegungspfad) vernachlässigen. Die Experimente zeigten, dass Säuglinge bei der Beobachtung einer Greifbewegung vor allem das gegriffene Objekt beachteten. Wurde die Bewegung von einem unbelebten Objekt ausgeführt, achteten sie eher auf den Bewegungspfad. Die Studie gilt als Nachweis, dass sich das Verständnis der Zielgerichtetheit menschlicher Handlungen früh entwickelt.

10.1 Ausgangspunkt und leitende Frage

Amanda Woodward stellte ihre Forschungsfrage vor dem Hintergrund der Befunde, dass bereits Säuglinge im ersten Lebensjahr scheinbar grundlegende Erwartungen über Regelmäßigkeiten der physikalischen Welt haben (Kap. 5). Darüber hinaus ist offensichtlich, dass Säuglinge auf Menschen anders reagieren als auf Gegenstände und dass sie Erwartungen an ihre soziale Umwelt haben. Dies zeigten auch die Forschungen zur Bindungstheorie: Säuglinge bauen durch Interaktionserfahrungen Erwartungen an das Verhalten ihrer Bezugspersonen auf, etwa inwieweit sie getröstet werden, wenn sie traurig sind (Kap. 6). Von daher bestand ein großes Interesse an der Frage, wie genau Säuglinge die Handlungen anderer Menschen wahrnehmen und verarbeiten. Erste Studien hatten bereits damit begonnen, Blickzeitmessungen als Methode einzusetzen, um das frühkindliche Handlungsverständnis zu erforschen (Gergely et al., 1995).

Die entscheidende Differenz zwischen menschlichen Handlungen und Objektbewegungen besteht in der sog. *Intentionalität* der ersteren. Handlungen (im Gegensatz zu Reflexen oder Ereignissen der physischen Umwelt) zeichnen sich durch ihre Zielgerichtetheit aus. Das heißt, menschliche Handlungen sind auf ein Ziel gerichtet; sie werden durchgeführt, um etwas zu erreichen. Falls ein Ziel nicht auf eine bestimmte Weise erreicht werden kann, kann das Ausführen einer anderen Handlung versucht werden. Anders ist es bei Ereignissen der physischen Welt: Ein Ball fällt zu Boden und folgt dabei (falls keine zusätzlichen Kräfte auf ihn einwirken) stets dem gleichen Bewegungspfad, er hat kein absichtsvolles Ziel. Da Säuglinge von früh an mit den Handlungen anderer Menschen konfrontiert sind, fragte sich Amanda Woodward, ob sie nicht bereits ein fundamentales Verständnis der Zielgerichtetheit von Handlungen haben. Anders formuliert: Fokussieren bereits Säuglinge vorrangig auf die Ziele anderer Personen oder nehmen sie vor allem den Bewegungspfad einer Handlung wahr?

10.2 Das Experiment im Detail

Aufbau

Die Art von objektgerichteten Handlungen, mit denen Säuglinge am meisten vertraut sein dürften, betrifft das Greifen von Objekten. So beobachten sie im Alltag, wie ihre Eltern Objekte nehmen, um mit ihren Kindern zu spielen, Essen zuzubereiten, aufzuräumen und vieles mehr. Darüber hinaus lernen sie selbst in den ersten Lebensmonaten, nach Objekten zu greifen. Daher liegt es nahe, das Greifen als zentrales Paradigma zu nutzen, um das frühkindliche Handlungsverständnis zu untersuchen.

Die Studic besteht aus vier einzelnen Experimenten, die alle dem gleichen Aufbau folgen und ein Habituationsparadigma (Kap. 5) nutzen. Im Folgenden soll das erste Experiment genauer geschildert werden, während von den weiteren Experimenten nur zentrale Ergebnisse erwähnt werden. Im ersten Experiment wurden zwei Gruppen von 8–10 Monate alten Säuglingen (jeweils n=16) untersucht. Die Kinder saßen dabei vor einer Art Puppentheater, auf dessen Bühne sich zwei Objekte befanden: ein Teddybär und ein Ball (Abb. 10.1).

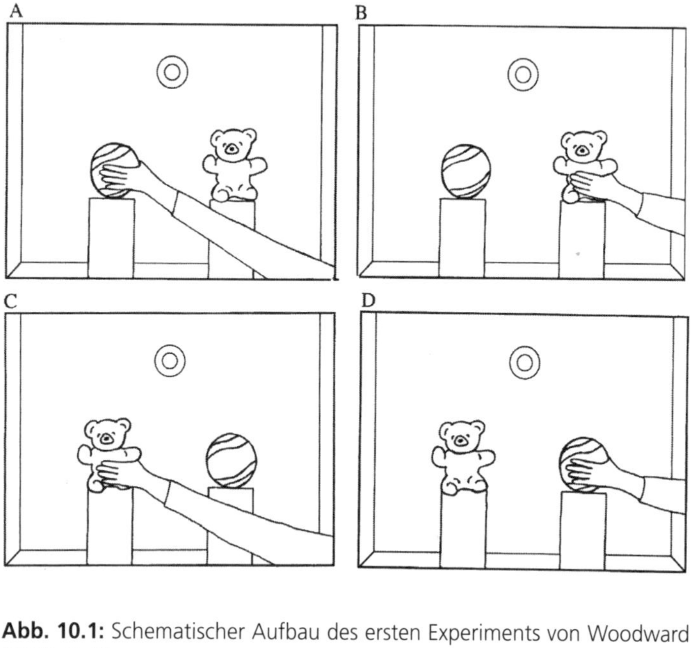

Abb. 10.1: Schematischer Aufbau des ersten Experiments von Woodward (1998, S. 6).

Eine Gruppe von Kindern (*Hand*-Bedingung) beobachtete nun in mehreren Trials (d.h. Durchläufen), wie sich zuerst der Vorhang hob und wie eine Hand von der rechten Seite kommend eines der Objekte griff (Abb. 10.1a oder Abb. 10.1b). Dabei wurde zwischen den Kindern ausbalanciert, ob die Hand den Ball oder den Teddybären griff und ob sich das Zielobjekt links oder rechts auf der Bühne befand. Sobald die Hand das Zielobjekt berührte, wurde die Blickzeit der Kinder gemessen. Der Trial endete, sobald die Kinder länger als zwei Sekunden vom „Puppentheater" wegschauten oder die Blickdauer der Kinder 120 Sekunden überstieg. Diese Habituationstrials wurden so lange wiederholt, bis die Kinder habituiert waren, dass heißt, bis die Blickzeit der Kinder in drei aufeinanderfolgenden Trials weniger als 50 % der Blickzeit der ersten drei Trials mit einer Blickzeit von mehr als 12 Sekunden betrug oder bis sie 14 Trials gesehen hatten. Daran schloss die Testphase an.

Die Testphase begann mit einem Familiarisierungstrial, in welchem die Kinder die bekannten Objekte wieder sahen, dieses Mal allerdings an vertauschter Position. Daran schlossen sich die 6 entscheidenden Testtrials an, in welchen die Hand wieder auf der Bühne erschien und eines der Objekte griff. Es gab zwei Arten von Testtrials, in denen die Hand entweder das gleiche Objekt griff – also das gleiche Ziel hatte – oder den gleichen Bewegungspfad nahm (Abb. 10.1c, Abb. 10.1d). Mit anderen Worten: In 3 Testtrials griff die Hand das gleiche Objekt, das sie zuvor bereits gegriffen hatte, wobei sie dazu einen anderen Bewegungspfad nehmen musste („*old goal/new path event*"). In den anderen 3 Testtrials bewegte sich die Hand auf dem gleichen Bewegungspfad und griff das andere Objekt („*new goal/old path event*"). Die beiden Arten von Testtrials wurden abwechselnd durchgeführt, wobei die Art des ersten Trials zwischen den Kindern ausbalanciert wurde. Aufbauend auf Befunden, dass Kinder länger auf neuartige Ereignisse blickten, nahm Amanda Woodward an, dass sich ein Verständnis der Zielgerichtetheit menschlicher Handlungen in längeren Blickzeiten für die Testtrials widerspiegeln sollte, in denen die Hand das neue Objekt griff („*new goal/old path event*"). Falls sie aber von Handlungen eher den Bewegungspfad beachten, sollten sie in den Trials länger hinschauen, in denen die Hand einen neuen Pfad nimmt („*old goal/new path event*").

Für eine zweite Gruppe von Kindern (*Stab*-Bedingung) lief das Experiment in genau der gleichen Weise ab, wobei aber die menschliche Hand durch eine Art Stab ersetzt wurde, welcher in seinen Ausmaßen (Länge, Größe) einem menschlichen Arm entsprach. Das heißt, die Kinder beobachteten, wie sich der Stab von der rechten Seite auf die Bühne schob und wiederholt eines der Objekte berührte. Hiermit konnte Woodward untersuchen, ob die Bewegungen eines unbelebten Objekts anders wahrgenommen wurden als menschliche Handlungen.

Ergebnis und Interpretation

Die Analyse der Blickzeiten der Kinder in den Testtrials ergab, dass die Kinder in der *Hand*-Bedingung deutlich länger hinschauten, wenn die Hand in der Testphase das neue Objekt griff, als wenn sie einen neuen Pfad nahm und das alte Objekt griff. Die Kinder in der *Stab*-Bedingung zeigten keinen systematischen Unterschied in ihrer Blickdauer.

Amanda Woodward interpretierte diesen Befund als Beleg für ihre Hypothese, dass bereits Säuglinge bei menschlichen Handlungen auf das Handlungsziel fokussieren. Die längere Blickzeit auf das *„new goal/old path event“* deutet an, dass die Kinder überraschter waren, als die Person das neue Objekt griff, als wenn sie dem neuen Bewegungspfad folgend das alte Objekt griff. Diese „Überraschung“ über das neue Zielobjekt spricht dafür, dass die Kinder Handlungszielen besondere Aufmerksamkeit zuwenden. Die Tatsache, dass dieser Effekt nur bei einer menschlichen Hand, nicht jedoch bei einem ähnlichen Objekt – dem Stab – gefunden wurde, spricht dafür, dass Säuglinge klar zwischen menschlichen Handlungen und Bewegungen unbelebter Objekte unterscheiden und dass sie eine Zielgerichtetheit nur bei ersteren erwarten. Die drei weiteren Experimente bestätigten den Befund mit 6 Monate alten Kindern und zeigten einen ähnlichen Trend bei 5 Monate alten Kindern.

Bedeutung und Bewertung

Die Studie von Amanda Woodward richtete als eine der ersten Studien einen Blick auf die frühe Entwicklung des sozialen Verstehens und untersuchte in systematischen Experimenten, inwieweit Säuglinge menschliche Handlungen von Bewegungen unbelebter Objekte unterscheiden. Der grundlegende Befund, dass bereits junge Kinder bevorzugt die Ziele anderer Personen verstehen, konnte im Rahmen des Habituationsparadigmas in vielen Studien repliziert werden (Daum et al., 2008; Sodian/Thoermer, 2004).

Die Studie hat eine Welle von Forschung losgetreten, wie Kinder Handlungen verstehen und welche psychologischen Mechanismen diesem Verständnis zugrunde liegen. Ein weiterer Grund, warum diese Studie als Klassiker bezeichnet werden kann, liegt dabei im Paradigma selbst. Viele Studien, die Folgefragen untersuchten, haben auf dasselbe experimentelle Paradigma (d.h., Habituation an eine objekt-bezogene Handlung, dann unterschiedliche Testtrials mit jeweils einem Wechsel einer Stimulusdimension) zurückgegriffen, um ihre Fragen zu klären (Feiman et al., 2015; Phillips et al., 2002; Sodian/Thoermer, 2004). Die Bekanntheit der Studie und die prominente Position dieses Paradigmas führten dazu, dass innerhalb der Säuglingsforschung nur noch vom „Woodward-Paradigma" gesprochen wird.

Offene Fragen betreffen allerdings die genaue Interpretation und die psychologische Basis der Befunde. Die Interpretationen unterscheiden sich weitgehend in ihrer Auffassung darüber, *wie* junge Kinder das Handlungsziel anderer Personen repräsentieren. Eine zentrale Frage ist, ob Kinder die Handlungen auf einer konkreten, objekt-bezogenen Ebene enkodieren (d.h., die Hand greift immer nach dem Ball) oder ob sie mentale Zustände attribuieren (d.h., die Person hat die Intention, nach dem Ball zu greifen). Nach Woodwards (2009) eigener Interpretation zeigen ihre Befunde, dass bereits Säuglinge Intentionen verstehen: „infants understand intentions as existing independently of particular concrete actions and as residing within the individual" (S. 55). Dieser Ansatz wird auch als *„rich interpretation"* bezeichnet, da davon ausgegangen wird, dass bereits Säuglinge ein grundlegendes Verständnis mentaler Zustände haben, kleinen Kindern also ein relativ hohes Verständnis des psychischen Innenlebens anderer Personen zugeschrieben wird. Andere Interpretationen gehen davon aus, dass sich die Befunde durch Formen assoziativen Lernens bzw. auf perzeptueller Ebene erklären lassen. Junge Kinder haben gelernt, dass Hände etwas mit Objekten machen und achten daher verstärkt auf das Objekt. Sie assoziieren Ball und Hand miteinander und sind überrascht, wenn plötzlich eine neue Stimuluskombination vorliegt (Csibra, 2003). Nach dieser Theorie fußt das frühe Handlungsverständnis auf statistischem Lernen über die Regelmäßigkeiten von Verhalten; ein tieferes Verständnis der mentalen Zustände anderer Personen entwickelt sich erst später (Ruffman et al., 2012). Dieser Ansatz wird als „*lean interpretation*“ bezeichnet. Während wir also auf der einen Seite dank der neueren Forschung einen tieferen Einblick in das sich entwickelnde Handlungsverständnis haben, gibt es auf der anderen Seite noch offene theoretische Fragen, wie dieses Verständnis genau zu charakterisieren ist (für einen Überblick siehe Elsner, 2014).

Eine weitere Frage stellt sich im Rahmen der Nutzung neuerer Technologien. Eye-Tracking-Verfahren erlauben heutzutage eine präzise Erfassung visueller Fixationen und Blickverläufe und damit eine genauere Erforschung der Handlungswahrnehmung im Säuglingsalter. Einige Studien zeigten, dass Säuglinge die Handlungsziele anderer Personen antizipieren (Adam et al., 2017; Cannon / Woodward, 2012; Falck-Ytter et al., 2006). Dies spricht dafür, dass Säuglinge die Zielgerichtetheit menschlicher Handlungen verstehen. Jedoch gibt es auch gegenteilige Befunde. Eine Studie von Daum und Kollegen (2012), in welcher animierte Agenten (z.B. ein sich selbst bewegender Fisch) anstelle einer Hand verwendet wurden, fand ein gegenteiliges Ergebnis. In dieser Studie zeigten Kinder erst ab 36 Monate zielgerichtete Antizipationen. Jüngere Kinder hingegen erwarteten, dass der Agent den gleichen Weg nehmen wird. Auch Ganglmayer und Kollegen (2018) fanden in mehreren Experimenten eine Antizipation auf den Handlungspfad (statt auf das Ziel), obgleich sie in manchen Experimenten eine von einer Hand ausgeführte Greifbewegung zeigten.

Noch ist unklar, wie diese heterogenen Befunde und die Unterschiede zwischen dem Habituationsparadigma und dem Antizipationsmaß zu interpretieren sind. Vielleicht hängt es damit zusammen, dass im Rahmen der Habituation retrospektive Prozesse erfasst werden (d.h., die Blickzeit der Kinder wird gemessen, nachdem etwas geschehen ist), während die Antizipation eine Vorhersage zukünftiger Ereignisse beinhaltet (Gredebäck / Daum,

2015). Es bleibt eine offene Frage, unter welchen Bedingungen junge Kinder die Ziele anderer Personen antizipieren.

Die Studie von Amanda Woodward wurde zum Ausgangspunkt einer systematischen Erforschung des frühkindlichen Handlungsverständnisses. Sowohl die von ihr aufgeworfene Frage, inwieweit Säuglinge zwischen menschlichen Handlungen und bloßen Objektbewegungen unterscheiden, als auch die von ihr eingesetzten Methoden haben bis heute einen großen Einfluss auf die Entwicklungspsychologie. Daher kann sie als ein moderner Klassiker der Entwicklungspsychologie bezeichnet werden.

10.3 Lernen und Lesen

1. Beschreiben Sie die beiden Arten von Testtrials und erläutern Sie, warum die Kombination genau dieser beiden Trialarten geeignet war, die Forschungsfrage zu beantworten.
2. Warum war es wichtig zu zeigen, dass der Effekt nur in der Hand-Bedingung, nicht aber in der Stab-Bedingung auftrat?
3. Worin unterscheiden sich die „rich" und die „lean interpretation" der Befunde von Woodward?

Video „Wednesday Lunch with Amanda Woodward: on ‚Infants' Grasp of the Social World'": https://www.youtube.com/watch?v=g-U2ycmABHA

Adam, M., Reitenbach, I., & Elsner, B. (2017). Agency cues and 11-month-olds' and adults' anticipation of action goals. Cognitive Development, 43, 37–48. doi: 10.1016/j.cogdev.2017.02.008

Cannon, E.N., & Woodward, A.L. (2012). Infants generate goal-based action predictions. Developmental Science, 15(2), 292–298. doi: 10.1111/j.1467-7687.2011.01127.x

Csibra, G. (2003). Teleological and referential understanding of action in infancy. Philosophical Transactions of the Royal Society B: Biological Sciences, 358(1431), 447–458. doi: 10.1098/rstb.2002.1235

Daum, M.M., Attig, M., Gunawan, R., Prinz, W., & Gredebäck, G. (2012). Actions seen through babies' eyes: A dissociation between looking time and predictive gaze. Frontiers in Psychology, 3, 370. doi: 10.3389/fpsyg.2012.00370

Daum, M. M., Prinz, W., & Aschersleben, G. (2008). Encoding the goal of an object-directed but uncompleted reaching action in 6- and 9-month-old infants. Developmental Science, 11(4), 607–619. doi: 10.1111/j.1467-7687.2008.00705.x

Elsner, B. (2014). Theorien zu Handlungsverständnis und Imitation. In L. Ahnert (Ed.), Theorien in der Entwicklungspsychologie (S. 310–329). Heidelberg: Springer.

Falck-Ytter, T., Gredebäck, G., & Von Hofsten, C. (2006). Infants predict other people's action goals. Nature Neuroscience, 9(7), 878–879. doi: 10.1038/nn1729

Feiman, R., Carey, S., & Cushman, F. (2015). Infants' representations of others' goals: Representing approach over avoidance. Cognition, 136, 204–214. doi: 10.1016/j.cognition.2014.10.007

Ganglmayer, K., Attig, M., Daum, M. M., & Paulus, M. (2019/im Druck). Infants' perception of goal-directed actions: A multi-lab replication reveals that infants anticipate paths and not goals. Infant Behavior and Development.

Gredebäck, G., & Daum, M. M. (2015). The microstructure of action perception in infancy: Decomposing the temporal structure of social information processing. Child Development Perspectives, 9(2), 79–83. doi: 10.1111/cdep.12109

Gergely, G., Nádasdy, Z., Csibra, G., & Bíró, S. (1995). Taking the intentional stance at 12 months of age. Cognition, 56(2), 165–193. doi: 10.1016/0010-0277(95)00661-H

Phillips, A. T., Wellman, H. M., & Spelke, E. S. (2002). Infants' ability to connect gaze and emotional expression to intentional action. Cognition, 85(1), 53–78. doi: 10.1016/S0010-0277(02)00073-2

Ruffman, T., Taumoepeau, M., & Perkins, C. (2012). Statistical learning as a basis for social understanding in children. British Journal of Developmental Psychology, 30(1), 87–104. doi: 10.1111/j.2044-835X.2011.02045.x

Sodian, B., & Thoermer, C. (2004). Infants' understanding of looking, pointing, and reaching as cues to goal-directed action. Journal of Cognition and Development, 5(3), 289–316. doi: 10.1207/s15327647jcd0503_1

Woodward, A. L. (1998). Infants selectively encode the goal object of an actor's reach. Cognition, 69(1), 1–34. doi: 10.1016/S0010-0277(98)00058-4

Woodward, A. L. (2009). Infants' grasp of others' intentions. Current Directions in Psychological Science, 18(1), 53–57. doi: 10.1111/j.1467-8721.2009.01605.x

11 Imitieren Säuglinge rational?

Gergelys Studie zu den psychologischen Mechanismen sozialen Lernens im Säuglingsalter

Quelle:
Gergely, G., Bekkering, H., & Király, I. (2002). Rational imitation in preverbal infants. Nature, 415, 755.

Kurzbiografie:
György Gergely (geb. 1953) studierte Psychologie in London und New York und promovierte 1986 in an der Columbia University in New York. Er ist gegenwärtig Professor für Psychologie an der Central European University in Budapest.

In einem Experiment mit 14 Monate alten Säuglingen untersuchten Gergely und Kollegen (2002), ob Säuglinge die Kontextbedingungen einer beobachteten Handlung berücksichtigen und flexibel imitieren. Ihre zentrale Frage war, ob Säuglinge „rational imitieren", indem sie in Betracht ziehen, ob es gute Gründe gibt, eine Handlung auf eine bestimmte Art und Weise durchzuführen. Dazu sahen die Kinder, wie eine Person eine Lampe mit ihrer Stirn anschaltete. In einer Bedingung gab es scheinbar gute Gründe dafür, da sie mit ihren Händen eine Decke festhielt (*Hands-occupied*-Bedingung). In einer anderen Bedingung hatte die Person die Hände frei und es war unklar, wieso sie nicht die Hände, sondern den Kopf nutzte (*Hands-free*-Bedingung). Es zeigte sich, dass in der *Hands-free*-Bedingung mehr Kinder diese ungewöhnliche Handlung imitierten als in der *Hands-occupied*-Bedingung. Die Autoren schlussfolgerten, dass bereits Säuglinge die Erwartung haben, dass sich andere Wesen rational und effizient verhalten. Sie würden die Rationalität von beobachteten Handlungen berücksichtigen und ihr Imitationsverhalten situationsflexibel steuern.

11.1 Ausgangspunkt und leitende Frage

Den Hintergrund der Studie bildet die Fragestellung, wie Kinder ein Verständnis der Handlung anderer erwerben. Nach den Ansätzen der *„folk psychology"* (d.h. unserer Alltagspsychologie) verstehen wir einander, indem wir Handlungen auf die sie verursachenden Überzeugungen und Wünsche (sog. intentionale oder mentale Zustände) zurückführen (*„belief-desire psychology"*; Kap. 4 zur Theory of Mind). Klassische entwicklungspsychologische Studien zeigten eine Entwicklung dieses Verständnisses im Alter von 3–5 Jahren (Sodian, 2005). Eine offene Frage betrifft, auf welchen entwicklungspsychologischen Grundlagen dieses Verständnis aufbaut und wie jüngere (auch vorsprachliche) Kinder Handlungen verstehen. Bisherige Studien legten nahe, dass bereits Säuglinge Handlungen anderer Personen anders verarbeiten als Bewegungen von Objekten (Woodward, 1998), indem sie beispielsweise Handlungsziele antizipieren (Falck-Ytter et al., 2006). Deutet dies auf ein rudimentäres Verständnis von Handlungsintentionalität hin oder verstehen junge Kinder Handlungen, ohne auf mentale Zustände Bezug nehmen zu müssen?

György Gergely und sein Kollege Gergely Csibra haben dazu ein theoretisches Modell vorgeschlagen, nach welchem die Entwicklung der *Theory of Mind* auf einem vorhergehenden teleologischen Handlungsverständnis aufbaut (Gergely/Csibra, 2003). Der Begriff Teleologie (altgr. *telos*: Ziel, Zweck) beschreibt die Idee, dass Handlungen oder Prozesse an Zielen oder Zwecken ausgerichtet sind. Das besondere an ihrem Modell ist, dass Handlungen auf Basis objektiv wahrnehmbarer Zustände oder Ereignisse verstanden werden. Das heißt, junge Kinder nehmen a) eine Handlung (im Regelfall: körperliche Bewegung), b) einen Ziel- oder Endzustand sowie c) die äußeren, physikalischen Rahmenbedingungen der Handlung war (Abb. 11.1). Diese drei Elemente werden durch die Erwartung verknüpft, dass Handlungen rational oder effizient sind (*„principle of efficiency"*). Mit anderen Worten: Ich kann eine Handlung als Handlung dann verstehen, wenn sie eine effiziente Bewegung – also z.B. direkt und ohne Umweg – hin zu einem klar definierten Zielzustand darstellt. Dies ermöglicht Kindern unter anderem die Vorhersage des Ziels einer Handlung (bei Beobachtung einer laufenden Handlung) oder der spezifischen Handlung (bei Kenntnis des Ziels einer Person). Um ein konkretes Beispiel zu geben: Falls ich weiß, dass jemand in ein bestimmtes Café gehen will, kann ich (unter der Annahme, dass derjenige effizient handelt) vorhersagen, welchen von mehreren Wegen er nehmen wird.

Nach diesem Modell verstehen Kinder Handlungen durch die Bezugnahme auf beobachtbare Zustände und Ereignisse. Ein mentalistisches Handlungsverständnis (im Sinne der *„belief-desire psychology"*) entwickelt sich in dem Maße, in welchem die Kinder verstehen, dass Menschen nicht aufgrund tatsächlicher Fakten, sondern aufgrund mentaler Repräsentationen von äußeren Tatsachen handeln (Abb. 11.1).

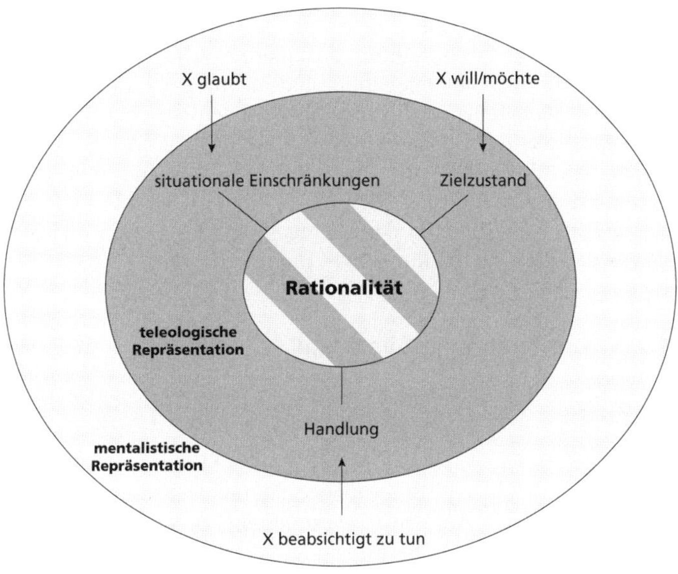

Abb. 11.1: Modell nach Gergely et al., 2002: Die beiden inneren Kreise visualisieren die drei Elemente, die in eine teleologische Handlungsrepräsentation eingehen. Der äußere Kreis zeigt, wie die teleologischen Elemente, die sich auf äußere Gegebenheiten beziehen, durch ein Verständnis des Einflusses mentaler Repräsentationen ersetzt werden.

In Blickzeitstudien hatten Gergely und Kollegen erste Evidenz für ihren Ansatz gefunden (z.B. Csibra et al., 1999). Die Imitationsstudie ging darüber hinaus, indem sie die Relevanz der teleologischen Interpretation für das soziale Lernen untersuchte. Meltzoff und Kollegen (Kap. 3) nahmen an, dass schon sehr junge Kinder Handlungen imitieren, indem sie sie in gleicher Weise wieder ausführten. Im Gegensatz dazu gingen Gergely und Kollegen davon aus, dass Säuglinge – aufbauend auf einer „rationalen" Interpretation der beobachteten Handlung – selektiv imitieren.

Gergely et al. (2002) griffen in ihrer Studie auf ein Design einer früheren Studie zur verzögerten Imitation zurück. In dieser hatte Meltzoff (1988) 14 Monate alte Kinder u.a. mit einer Situation konfrontiert, in welcher sich ein erwachsenes Modell über eine Lampe (die man durch Berührung aktivieren konnte) beugte, diese mit der Stirn berührte und dadurch anschaltete. Als die Kinder nach einer Woche selbst die Gelegenheit hatten, mit der Lampe zu spielen, zeigte eine Mehrheit die vormals beobachtete Handlung, d.h. imitierten, was sie beobachtet hatten. Gergely et al. (2002) nahmen nun an, dass die Kinder dies nur taten, da sie glaubten, dass die Person einen guten Grund für ihre eigenartige Handlung haben müsste. Falls die Kinder die Handlung anderweitig erklären könnten, würden sie die Handlung nicht mehr imitieren.

11.2 Das Experiment im Detail

Aufbau

Im Experiment wurden zwei Gruppen von 14 Monate alten Kindern miteinander verglichen. Beide beobachteten eine Person, welche vor einem Tisch saß. Auf dem Tisch stand eine Box mit einer berührungssensitiven Lampe. Die Person legte sich erst eine Decke um die Schultern, beugte sich dann mehrmals nach vorne und löste mit jeder Berührung der Lampe ein kurzes Aufleuchten der Lampe aus. Der zentrale Unterschied zwischen beiden Bedingungen war, dass in einer Bedingung (*„hands free"*; n=13) das Modell die Decke lose um die Schultern hängen und die Hände auf dem Tisch hatte, während es die Lampe anschaltete. In der anderen Bedingung (*„hands occupied"*; n=14) hielt das Modell die Decke mit beiden Händen fest, während es sich nach vorne beugte (Abb. 11.2a, b).

Die Autoren stellten die Hypothese auf, dass die Mehrheit der Kinder in der *Hands-free*-Bedingung, die im Wesentlichen der Originalstudie von Meltzoff (1988) ähnelte, die Bewegung imitieren würden. In der *Hands-occupied*-Bedingung jedoch sollte dies nicht der Fall sein, da das Modell selbst gute Gründe hatte, den Kopf zu nutzen (da seine Hände ja nicht frei waren), während die Kinder einfach die Hände nutzen könnten.

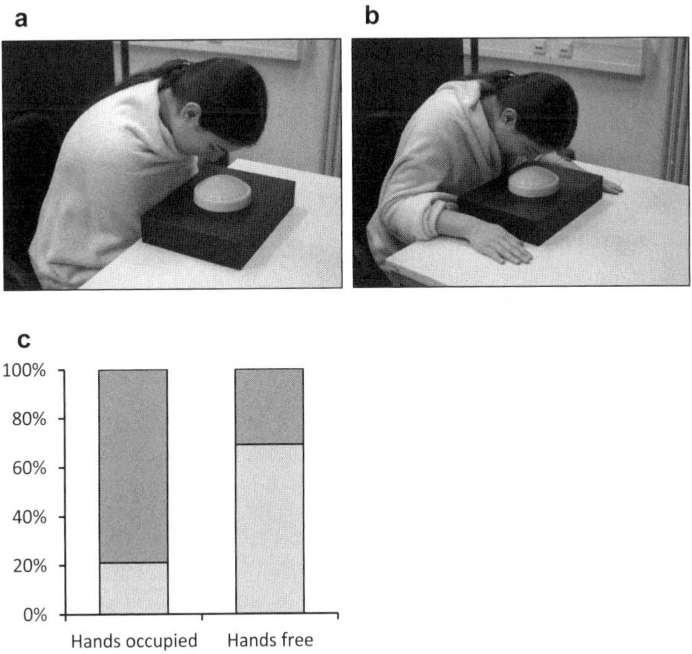

Abb. 11.2: Die ersten beiden Bilder demonstrieren die (a) Hands-occupied- und (b) Hands-free-Bedingungen. Die dritte Abbildung (c) zeigt die Ergebnisse der Studie von Gergely et al., 2002.

Ergebnis und Interpretation

Wie vorhergesagt, zeigte sich ein signifikanter Unterschied zwischen den Bedingungen. In der *Hands-free*-Bedingung imitierten etwa 70 % der Kinder die unübliche Handlung, während es in der *Hands-occupied*-Bedingung nur etwa 20 % waren (Abb. 11.2c).

Die Befunde waren im Einklang mit den Überlegungen der Autoren, dass Imitation kein automatischer Prozess ist, sondern dass auch Säuglinge Handlungen selektiv imitieren. Die Autoren interpretierten ihre Befunde so, dass bereits Säuglinge die Effizienz einer beobachteten Handlung beurteilen und nach Maßgabe rationaler Überlegungen imitieren.

Bedeutung und Bewertung

Die Befunde von Gergely und Kollegen (2002) befeuerten eine breite Debatte über die ontogenetischen Grundlagen des sozialen und kulturellen Lernens. In den letzten Jahrzehnten kam es verstärkt zu einer Auseinandersetzung mit der Frage, was dem evolutionären Erfolg des Menschen zugrunde liegt. Eine vielfach gegebene Antwort stellte die menschliche Fähigkeit zum sozialen Lernen und zur generationenübergreifenden Weitergabe dieses Wissens dar, welches letztlich den Aufbau kulturellen Wissens und sozialer Institutionen erlaubt (Boyd et al., 2011; Heyes, 2018; Richerson / Boyd, 2005). In der Tat legen kulturvergleichende Studien nahe, dass soziales Lernen früh im ersten Lebensjahr auftritt und einen universalen Lernmechanismus darstellt (Graf et al., 2014). Die Befunde von Gergely und Kollegen (2002) implizierten, dass soziales Lernen schon früh in der Entwicklung eine rationale Rekonstruktion der beobachteten Handlung anderer beinhaltet und damit ein selektiver, inferenzieller Prozess ist. Diese Studie löste eine Reihe weiterer Forschungsbemühungen aus, die genauer untersuchten, unter welchen Bedingungen junge Kinder Handlungsziele versus bestimmte Handlungsweisen imitieren (Elsner, 2007; Nielsen, 2006).

Der Befund selbst, obwohl ursprünglich nur an einer kleinen Stichprobe gewonnen, wurde mehrfach repliziert (z. B. Paulus et al., 2011; Zmyj et al., 2009). Artvergleichende Forschungen legten nahe, dass sogar Schimpansen rational imitieren (Buttelmann et al., 2007).

Nach wie vor wird eine intensive Debatte über die richtige Interpretation dieses Befundes geführt. Eine zentrale Frage ist, ob die Studie wirklich zeigt, dass Säuglinge rational imitieren. Oder lässt sich die beobachtete Form selektiver Imitation auch anders erklären? Das Interessante an dieser Debatte ist, dass eine Reihe von Folgestudien dasselbe Paradigma nutzten und zentrale Faktoren manipulierten. So lassen sich anhand dieses einen Paradigmas unterschiedliche theoretische Ansätze demonstrieren, auf die ich im Folgenden genauer eingehen möchte.

Die klassische kognitive Interpretation von Gergely und Kollegen (2002) wurde in den letzten Jahren zur *Natural-Pedagogy*-Theorie erweitert (Csibra/Gergely, 2011). Die Autoren postulieren, dass sich im Laufe der Evolution ein kommunikatives System entwickelt hat, welches der raschen Vermittlung kulturellen Wissens zugrunde liegt und bereits das soziale Lernen bei Säuglingen leitet. Demnach erwarten Säuglinge bei ostensiven kommunikativen Gesten (z.B. Blickkontakt), dass ihnen generisches Wissen und kulturell relevantes Wissen vermittelt wird. So berichten Kiraly et al., (2013), dass die Wahrscheinlichkeit der Imitation der kritischen Handlung (die Lampe mit dem Kopf anzumachen) vom direkten Blickkontakt zwischen Modell und Kind abhängt. Kritik kommt jedoch von Studien, die zeigen, dass Blickkontakt und andere Reize einfach Aufmerksamkeit erregen und daher durch simple Aufmerksamkeitseffekte soziales Lernen positiv beeinflussen (Szufnarowska et al., 2014).

Diese Kritik steht im Einklang mit einem zweiten, perzeptuellen Erklärungsansatz, der den Fokus auf Aufmerksamkeitsprozesse richtet (Beisert et al., 2012). Dieser postuliert, dass die Reduktion des imitativen Verhaltens in der *Hands-occupied*-Bedingung durch Ablenkung verursacht sein könnte. Das heißt, Kinder würden an sich auch in dieser Bedingung die kritische Handlung imitieren, jedoch sind sie von der ungewöhnlichen Körperhaltung (Hände unter der Decke verborgen und verschränkt) so sehr irritiert, dass sie die eigentliche Handlung nicht richtig verarbeiten und daher imitieren konnten. Diese Überlegungen wurden durch eine experimentelle Manipulation empirisch bestätigt, in welcher in der *Hands-free*-Bedingung zwei große, farbige Smileys an den Ecken des Tisches platziert wurden (Abb. 11.3c). Es zeigte sich, dass sich die Imitationsrate in dieser Bedingung etwas reduzierte. Dieser Ansatz ließ jedoch die Frage offen, warum und wie Säuglinge überhaupt imitieren.

Abb. 11.3: Die drei Bilder demonstrieren die drei folgenden Bedingungen: (a) „hands occupied", (b) „hands free" und (c) „distraction" in der Studie von Beisert et al., 2012, S. 2

Diese Frage wird durch den dritten Ansatz beantwortet, der versucht, die Ergebnisse von Gergely et al. (2002) zu erklären. Meine KollegInnen und ich dachten uns, dass es doch sehr unwahrscheinlich ist, dass bereits Säuglinge zu so komplexen Denkleistungen in der Lage sein sollten (Paulus, 2012). Wir gingen von der Annahme aus, dass Imitation auf einer Spiegelung der beobachteten Handlung im motorischen System des Beobachters beruht, sofern der Beobachter zu dieser Handlung in der Lage ist. Falls die beobachtete Handlung zu einem interessanten Effekt führt, erwerben die Kinder eine sog. *Handlungs-Effekt-Assoziation* (Hommel et al., 2001). Das heißt, sie verknüpfen die Repräsentation des Effektes mit der Repräsentation der beobachteten Handlung. In unserem Beispiel hieße das, dass die Repräsentation der spezifischen Körperbewegung, also das Berühren der Lampe mit dem Kopf, mit dem Lichteffekt der Lampe verknüpft wird. Falls der Beobachter dann selbst den Effekt reproduzieren möchte, führt dies zur Aktivierung der damit verknüpften Handlungsrepräsentation und schlussendlich zur Imitation (Paulus, 2014). Wie kommt es nun dazu, dass Kinder in der *Hands-occupied*-Bedingung nicht imitieren? Nach unserer Überlegung hing dies damit zusammen, dass die Säuglinge diese Art von Bewegungen (Vornüberbeugen des Oberkörpers, *ohne* sich am Tisch aufzustützen) nicht selbst ausführen können. Wir untersuchten diese Hypothese, indem wir manipulierten, inwieweit die beobachtete Kopfhandlung durch die äußeren Umstände erzwungen wurde und inwieweit sie im motorischen Repertoire der Kinder lag. Zum Beispiel in der *Hands-up*-Bedingung (Abb. 11.4d) hielt das Modell die Hände frei in die Höhe, während es die Kopfbewegung ausführte. Während man aus

Sicht der rationalen Theorie annehmen müsste, dass die Kinder die Kopfbewegung imitieren sollten, da die Hände sichtbar frei sind, sagten wir aus Sicht unserer Theorie keine Imitation vorher, da diese Art der Bewegung nicht im Handlungsrepertoire von Säuglingen liegt. Selbst als Erwachsene haben wir Probleme bei der Ausführung dieser Handlung – versuchen Sie es selbst einmal. Zentral ist, dass die Kinder diese Kopfbewegung im Prinzip durchaus ausführen könnten, nur jedoch nicht in der besonderen Weise, wie es das Modell demonstrierte. Die Befunde waren im Einklang mit unseren Überlegungen (Paulus et al., 2011).

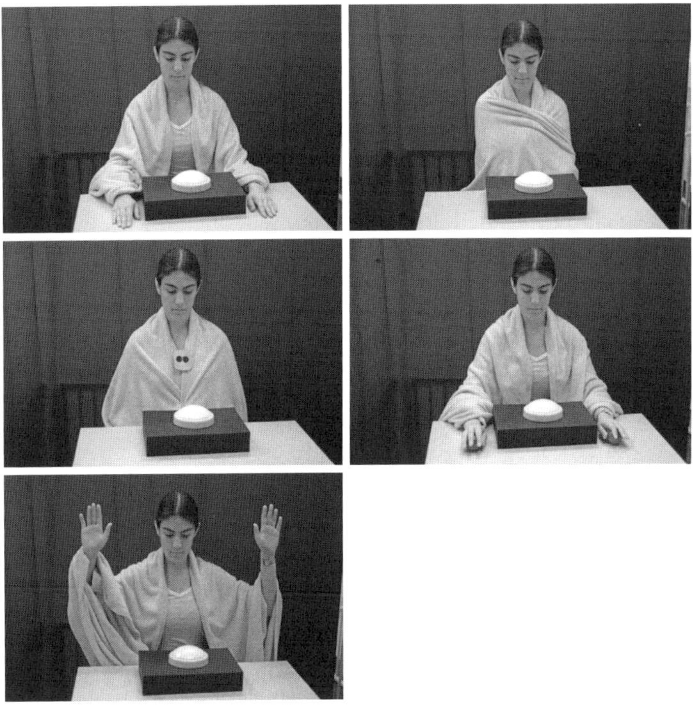

Abb. 11.4: Die fünf Bilder (a–e) demonstrieren die fünf Bedingungen aus der Studie von Paulus et al. Das vierte Bild (d) zeigt die Hands-up Bedingung. (nach Paulus et al., 2011)

Diese Debatte hat eine Reihe anschließender Forschungsarbeiten ausgelöst, die hier nur skizzenartig erwähnt werden können. Zum einen wurden weitere Verhaltensstudien durchgeführt, in denen zentrale Charakteristika des Modells oder der Situation manipuliert wurden. Eine Studie von Zmyj und Kollegen (2010) zeigte beispielsweise, dass 14 Monate alte Kinder die kritische Handlung weniger häufig imitierten, falls sich das Modell vorab komisch verhalten hatte (z.B. einen Schuh wie einen Handschuh tragen wollte). Zum anderen wurde versucht, mithilfe neurokognitiver Methoden und der Erfassung von Blickbewegungen die Verarbeitung der Situation genauer zu untersuchen (Langeloh et al., 2018). Forschungsarbeiten, die moderne Blickverfolgungsverfahren (Eye-Tracking) nutzten, prüften den perzeptuellen Erklärungsansatz, fanden aber keine Evidenz für unterschiedliche Aufmerksamkeitsallokationen zwischen den Bedingungen (Elsner et al., 2013). Dies zeigt, dass die Klärung der psychologischen Grundlagen des sozialen Lernens in der frühen Kindheit weiterhin ein spannendes Forschungsthema bleibt. Darüber hinaus bleibt die Frage nach der Grundlage der Effizienzerwartungen von Handlungen ein Thema vielfältiger Forschungsbemühungen, etwa beim Vergleich neurotypischer Personen und Personen mit Autismus-Spektrums-Störungen (z.B. Schuwerk et al. 2016).

Die Frage der rationalen Handlungsanalyse im Allgemeinen und der rationalen Imitation im Besonderen stellt ein bis heute kontrovers diskutiertes Thema in der Säuglingsforschung dar. Unbestritten ist, dass die Imitationsstudie die Selektivität von Imitation im Säuglingsalter zeigt. Hoch umstritten ist die Frage, welche psychologischen Mechanismen dafür verantwortlich sind. Die Bedeutung der ursprünglichen Studie liegt daher weniger darin, dass sie konklusive Evidenz für eine bestimmte Annahme lieferte, sondern vielmehr in ihrer Fruchtbarkeit für und ihrem Einfluss auf die gegenwärtige entwicklungspsychologische Forschung.

11.3 Lernen und Lesen

1. Worin unterscheidet sich das teleologische Modell der Handlungserklärung von einem mentalistischen Ansatz?
2. Wie würden der kognitive Ansatz, der motorische Ansatz und der perzeptuelle Ansatz die Befunde der Studie von Gergely et al. (2002) erklären?

Video „Using your head: Measuring infants' Rational Imitation of Actions": www.jove.com/science-education/10069/using-your-head-measuring-infants-rational-imitation-of-actions

Beisert, M., Zmyj, N., Liepelt, R., Jung, F., Prinz, W., & Daum, M. M. (2012). Rethinking „rational imitation" in 14-month-old infants: A perceptual distraction approach. PLoS ONE, 7(3). doi: 10.1371/journal.pone.0032563

Boyd, R., Richerson, P. J., & Henrich, J. (2011). The cultural niche: Why social learning is essential for human adaptation. Proceedings of the National Academy of Sciences of the United States of America, 108, 10918–10925.

Buttelmann, D., Carpenter, M., Call, J., & Tomasello, M. (2007). Enculturated chimpanzees imitate rationally. Developmental Science, 10(4), F31-F38. doi: 10.1111/j.1467-7687.2007.00630.x

Csibra, G., & Gergely, G. (2011). Natural pedagogy as evolutionary adaptation. Philosophical Transactions of the Royal Society B: Biological Sciences, 366(1567), 1149–1157. doi: 10.1098/rstb.2010.0319

Csibra, G., Gergely, G., Bíró, S., Koós, O., & Brockbank, M. (1999). Goal attribution without agency cues: The perception of „pure reason" in infancy. Cognition, 72(3), 237–267. doi: 10.1016/S0010-0277(99)00039-6

Elsner, B. (2007). Infants' imitation of goal-directed actions: The role of movements and action effects. Acta Psychologica, 124(1), 44–59. doi: 10.1016/j.actpsy.2006.09.006

Elsner, B., Pfeifer, C., Parker, C., & Hauf, P. (2013). Infants' perception of actions and situational constraints: An eye-tracking study. Journal of Experimental Child Psychology, 116(2), 428–442. doi: 10.1016/j.jecp.2012.11.014

Falck-Ytter, T., Gredebäck, G., & Von Hofsten, C. (2006). Infants predict other people's action goals. Nature Neuroscience, 9(7), 878–879. doi: 10.1038/nn1729

Graf, F., Borchert, S., Lamm, B., Goertz, C., Kolling, T., Fassbender, I., Teubert, M., Vierhaus, M., Freitag, C. Spangler, S., Keller, H., Lohaus, A., Schwarzer, G., Knopf, M. (2014). Imitative learning of Nso and German infants at 6 and 9 months of age: Evidence for a cross-cultural learning tool. Journal of Cross-Cultural Psychology, 45(1), 47–61. doi: 10.1177/0022022113487075

Gergely, G., Bekkering, H., & Király, I. (2002). Developmental psychology: Rational imitation in preverbal infants. Nature, 415(6873), 755. doi: 10.1038/415755a

Gergely, G., & Csibra, G. (2003). Teleological reasoning in infancy: The naïve theory of rational action. Trends in Cognitive Sciences, 7(7), 287–292. doi: 10.1016/S1364-6613(03)00128-1

Heyes, C. (2018). Cognitive gadgets: The cultural evolution of thinking. Cambridge, MA, US: Harvard University Press.

Hommel, B., Müsseler, J., Aschersleben, G., & Prinz, W. (2001). The Theory of Event Coding (TEC): A framework for perception and action planning. Behavioral and Brain Sciences, 24(5), 849–878. doi: 10.1017/S0140525X01000103

Király, I., Csibra, G., & Gergely, G. (2013). Beyond rational imitation: Learning arbitrary means actions from communicative demonstrations. Journal of Experimental Child Psychology, 116(2), 471–486. doi: 10.1016/j.jecp.2012.12.003

Langeloh, M., Buttelmann, D., Matthes, D., Grassmann, S., Pauen, S., & Hoehl, S. (2018). Reduced mu power in response to unusual actions is context-dependent in 1-year-olds. Frontiers in Psychology, 9(1), 36. doi: 10.3389/fpsyg.2018.00036

Meltzoff, A. N. (1988). Imitation of televised models by infants. Child Development, 59(5), 1221–1229. doi: 10.1111/j.1467-8624.1988.tb01491.x

Nielsen, M. (2006). Copying actions and copying outcomes: Social learning through the second year. Developmental Psychology, 42(3), 555–565. doi: 10.1037/0012-1649.42.3.555

Paulus, M. (2012). Is it rational to assume that infants imitate rationally? A theoretical analysis and critique. Human Development, 55(3), 107–121. doi: 10.1159/000339442

Paulus, M. (2014). How and why do infants imitate? An ideomotor approach to social and imitative learning in infancy (and beyond). Psychonomic Bulletin & Review, 21, 1139–1156. doi: 10.3758/s13423-014-0598-1

Paulus, M., Hunnius, S., Vissers, M., & Bekkering, H. (2011). Imitation in infancy: Rational or motor resonance? Child Development, 82, 1047–1057. doi: 10.1111/j.1467-8624.2011.01610.x

Richerson, P. J., & Boyd, R. (2005). Not by genes alone: How culture transformed human evolution. Chicago & London: University of Chicago Press.

Schuwerk, T., Sodian, B., & Paulus, M. (2016). Cognitive mechanisms underlying action prediction in children and adults with autism spectrum condition. Journal of Autism and Developmental Disorders, 46(12), 3623–3639. doi: 10.1007/s10803-016-2899-x

Sodian, B. (2005). Theory of mind. The case for conceptual development. In W. Schneider, R. Schumann-Hengsteler, & B. Sodian (Eds.), Young children's cognitive development. Interrelationships among working memory, theory of mind, and executive functions. (pp. 95–103). Hillsdale, NJ: Erlbaum.

Szufnarowska, J., Rohlfing, K. J., Fawcett, C., & Gredebäck, G. (2014). Is ostension any more than attention? Scientific Reports, 4, 5304. doi: 10.1038/srep05304

Woodward, A. L. (1998). Infants selectively encode the goal object of an actor's reach. Cognition, 69(1), 1–34. doi: 10.1016/S0010-0277(98)00058-4

Zmyj, N., Buttelmann, D., Carpenter, M., & Daum, M. M. (2010). The reliability of a model influences 14-month-olds' imitation. Journal of Experimental Child Psychology, 106(4), 208–220. doi: 10.1016/j.jecp.2010.03.002

Zmyj, N., Daum, M. M., & Aschersleben, G. (2009). The development of rational imitation in 9- and 12-month-old infants. Infancy, 14(1), 131–141. doi: 10.1080/15250000802569884

12 Haben schon Säuglinge ein Verständnis von Gut und Böse?

Hamlins Studie zur sozialen Bewertung

Quelle:
Hamlin, J. K., Wynn, K., & Bloom, P. (2007). Social evaluation by preverbal infants. Nature, 450, 557–559.

Kurzbiografie:
J. Kiley Hamlin (geb. 1983) studierte Psychologie in Chicago und Yale und promovierte dort im Jahr 2010. Gegenwärtig hat sie die Position eines Associate Professors an der University of British Columbia inne.

Wie entsteht Moral? Wie kommt es, dass wir andere Menschen als gut oder schlecht bewerten? Gibt es entsprechende Bewertungen schon bei jungen, vorsprachlichen Kindern oder entwickeln sich wertende Einstellungen erst im Laufe der ersten Lebensjahre? Diese Frage wollten Hamlin und KollegInnen beantworten. Dazu zeigten sie 6 und 10 Monate alten Säuglingen in drei Experimenten animierte Filme, in denen geometrische Figuren eine andere Figur einen Hügel hinauf- oder hinunterschoben, genauer gesagt ihr halfen, einen Hügel zu erklimmen („*helper*") oder sie daran hinderten („*hinderer*"). Nach der mehrmaligen Darbietung dieser Filmchen wurden den Kindern beide Agenten („*helper*" und „*hinderer*") zur Auswahl vorgelegt. Eine große Mehrheit in beiden Altersgruppen griff nach dem Helfer und nicht nach der Figur, die den Protagonisten scheinbar gehindert hatte („*hinderer*"). In einer zusätzlichen Blickzeitmessung zeigte sich zudem, dass die 10 Monate alten Kinder länger guckten, wenn sich der Protagonist der hindernden Figur näherte, als wenn er sich dem Helfer näherte. Die AutorInnen interpretierten ihre Studie als Evidenz dafür, dass die soziale Bewertung anderer Personen eine universal geteilte biologische Anpassung darstellt. In neueren Arbeiten wird diese auch als angeborener moralischer Kern bezeichnet (Hamlin, 2013).

12.1 Ausgangspunkt und leitende Frage

In den letzten Jahrzehnten kam es zu einer verstärkten Auseinandersetzung mit den biologischen und evolutionären Grundlagen der menschlichen Moral. Dabei wurden die Fragen aufgeworfen, was menschliche Moral von tierischer Verhaltensregulationen unterscheidet; und welche biologischen Adaptionen im Laufe der Naturgeschichte zur Entstehung der Moral beigetragen haben (Ayala 2010). Die Frage des Verhältnisses von Moral zu Biologie ist dabei ein Thema, welches seit Jahrhunderten in der Ideengeschichte diskutiert wird. Viele klassische Position, von Kant (1785) bis Max Scheler (1928), sahen eher einen Gegensatz zwischen der biologischen Natur des Menschen und seinen moralischen Orientierungen. Gerade die Vertreter der Vernunftethik betonten, dass die Basis der Moral in kognitiven Urteilen und im rationalen Abwägen von Argumenten und Gründen liegt. Dabei ist es Aufgabe der Vernunft, unsere manchmal überbordenden und egozentrischen Gefühle im Zaum zu halten und unsere vernünftigen Interessen mit den berechtigten Interessen anderer zu integrieren. Diese Auffassung von Moral liegt den theoretischen Ansätzen von Piaget und Kohlberg zugrunde. Nach Kohlberg (1981) vollzieht sich moralische Entwicklung durch eine zunehmende Dezentrierung und ein Anwachsen der Fähigkeit zur Perspektivenübernahme (siehe „Unter der Lupe").

Unter der Lupe

Vernunftethik: Vertreter der Vernunftethik nehmen an, dass sich moralische Prinzipien und Normen auf Grundlage rationaler Überlegungen ergeben.

Ethischer Intuitionismus: Vertreter des ethischen Intuitionismus gehen davon aus, dass moralische Prinzipien oder Werte intuitiv gewusst werden, d. h. nicht auf Nachdenken oder Schlussfolgern beruhen.

Im Gegensatz dazu postulieren neuere Theorien, dass Moral und bestimmte moralische Wertungen in der biologischen Konstitution des Menschen verankert sind. In seiner einflussreichen *„moral foundations theory"* postuliert der amerikanische Sozialpsychologe Jonathan Haidt, dass es eine begrenzte Zahl angeborener moralischer Intuitionen (schnelle, affektgesteuerte Evaluationen) gäbe (Haidt/Joseph, 2008). Diese hätten sich als Ergebnis der Evolutionsgeschichte ergeben.

Diese Theorien unterscheiden sich darin, inwieweit sie die biologischen Adaptationen als zwischen Mensch und höheren Tieren geteilt ansehen oder sie als spezifisch menschlich erachten (für einen Überblick siehe Katz, 2000). Je nachdem werden entweder Ähnlichkeiten zwischen menschlicher Moral und tierischem Verhalten hervorgehoben oder Unterschiede betont. Da aber in all diesen Theorien davon ausgegangen wird, dass die Grundlagen moralischer Orientierungen nicht in sprachgebundener und diskursiver Form vorliegen, sondern affektiv oder intuitiv verstanden werden, stehen sie dem ethischen Intuitionismus nahe. Der Fokus auf eine intuitiv zugängliche und nicht sprachbasierte Basis der Moral eröffnet die Möglichkeit der Frage, ob diese (potenziell angeborenen) Grundlagen nicht auch schon bei Säuglingen nachweisbar sind.

Um dies zu erforschen, bedienten sich Hamlin und KollegInnen zweier Präferenzmaße. Auf der Verhaltensebene wurden die direkten Präferenzen der Säuglinge mithilfe der Greifpräferenz erfasst. Bei dieser Methode werden verschiedene Objekte dargeboten und es wird analysiert, nach welchem Objekt die Kinder zuerst greifen. Die dahinterliegende Überlegung war, dass die persönliche Präferenz der Kinder ihre Evaluation der Handlungen der Akteure widerspiegeln sollte. Würden die Säuglinge z.B. vermehrt nach dem Agenten greifen, der prosozial gehandelt hat, würde dies anzeigen, dass sie diesen auch als besser ansehen. Zum anderen nutzten die AutorInnen Blickzeitmessungen, um die Erwartungshaltungen der Kinder zu erfassen. Gemäß der Forschungslogik dieses *Violation-of-expectation*-Ansatzes würde man eine längere Blickzeit auf unerwartete und überraschende Ereignisse erwarten. Sollten sie aus einer Dritte-Person-Perspektive auch ein Verständnis der Evaluationen anderer haben, sollten sie überrascht sein, falls der Protagonist mit dem Agenten Kontakt aufnimmt, der ihn vorher behindert hatte. Die leitende Fragestellung war also, ob sich implizite oder indirekte Formen der sozialen Evaluation schon im Säuglingsalter nachweisen lassen würden.

12.2 Das Experiment im Detail

Aufbau

Die Studie besteht aus drei Einzelexperimenten, deren Aufbau der gleichen Struktur folgt. Das Hauptexperiment sah folgendermaßen aus: Auf einer Art Bühne sahen die Kinder, wie sich eine geometrische Figur (z.B. ein roter Kreis) mit Augen bemühte, einen Hügel zu erklimmen. Durch die gesichtsähnlichen Züge und die Selbstbewegung wollten die AutorInnen erreichen, dass der rote Kreis als Agent wahrgenommen wird. Kurz darauf erschien eine weitere Figur (z.B. ein gelbes Dreieck), die den Protagonisten nach oben half (*„helper“*); eine dritte Figur (z.B. ein blaues Quadrat) schob ihn in einer anderen Situation nach unten (d.h., hinderte ihn, sein Ziel zu erreichen; *„hinderer“*). Diese beiden Handlungen wurden den Kindern abwechselnd so lange dargeboten, bis sie an die Ereignisse habituiert waren (d.h. ihre Blickzeit war so weit herabgesunken, dass man annahm, dass sie alle wesentlichen Informationen verarbeitet hatte und nichts mehr Neues in den Darbietungen entdeckten). Im Schnitt sahen die Kinder 9 Trials.

Im Anschluss daran gab es zwei Tests (deren Reihenfolge ausbalanciert wurde). Im Verhaltenstest wurde den Kindern die beiden Agenten, d.h. *„helper“* und *„hinderer“*, vorgelegt. Ein Versuchsleiterin forderte sie auf: „Möchtest Du Dir ein Spielzeug aussuchen?“ Es wurde registriert, welchen der beiden Agenten die Kinder zuerst berührten und dies wurde als ihre Präferenz gewertet.

Im Blickzeittest sahen die Kinder den Protagonisten in einer mittleren Position zwischen dem *„helper“* und dem *„hinderer“*. In verschiedenen Testtrials sahen die Kinder, wie sich der Protagonist dem Helfer oder dem Hinderer näherte. Sobald er einen der beiden erreichte, wurde die Blickzeit der Kinder aufgenommen. Für die Analyse wurde verglichen, auf welches der Ereignisse die Kinder länger schauten.

Um die Grundlagen des Effekts besser zu verstehen, wurden noch zwei weitere Experimente durchgeführt. Im zweiten Experiment sahen die Kinder die gleichen Szenarien wie im Hauptexperiment, nur dass dieses Mal die zuvor animierte Figur durch eine nicht animierte Figur (ohne Augen und Selbstbewegung) ersetzt wurde. Das heißt, der rote Kreis wurde von dem jeweiligen Agenten nach oben oder unten geschoben. Falls die Ergebnisse des ersten Experiments nur auf Präferenzen für sich aufwärts bewegende Objekte zurückführbar sind, sollten im zweiten Experiment ähnliche Befundmuster erzielt werden. Das dritte Experiment war der Frage gewidmet, ob die Unterscheidung zwischen „*helper*“ und „*hinderer*“ auf eine Präferenz für die helfende Figur oder eine Ablehnung der behindernden Figur zurückzuführen sei. Dazu wurden jeder der beiden Agenten mit einem neutralen Agenten verglichen, der weder geholfen noch behindert hatte. Falls die Unterscheidung zwischen „*helper*“ und „*hinderer*“ auf eine Präferenz für den Helfer zurückführbar ist, sollten Kinder zwischen dem Helfer und dem neutralen Agenten unterscheiden, nicht aber zwischen dem „*hinderer*“ und dem neutralen Agenten. Falls die Unterscheidung zwischen „*helper*“ und „*hinderer*“ auf eine Ablehnung des behindernden Agenten zurückführbar ist, sollten Kinder zwischen dem „*hinderer*“ und dem neutralen Agenten unterscheiden, nicht aber zwischen dem helfenden und dem neutralen Agenten.

Ergebnis und Interpretation

Experiment 1 ergab, dass sowohl die 6 als auch 10 Monate alten Kinder lieber nach dem „*helper*“ als dem „*hinderer*“ griffen. Im Blickzeittest zeigte sich, dass die 10 Monate alten Kinder länger guckten, wenn sich der Protagonist dem behindernden Agenten annäherte, als wenn er zum Helfer ging. Im Blickverhalten der 6 Monate alten Kinder zeigt sich kein Unterschied. Es zeigte sich also, dass die jüngeren Kinder zwar eine eigene Präferenz für den Helfer haben, aber nicht erwarten, dass sich der Protagonist dem Helfer nähert. Daraus schließen die Autoren, dass Säuglinge früher in der Lage sind, Handlungen anderer selbst zu beurteilen, als anderen Agenten ein Urteil über eine Handlung zuzuschreiben.

In Experiment 2 zeigten sich keine systematischen Präferenzen für einen Agenten. Das heißt, es konnte ausgeschlossen werden, dass das bloße Aufwärtsschieben oder Abwärtsschieben die Ergebnisse im ersten Experiment hervorbrachte. Im dritten Experiment zeigte sich schließlich, dass Kinder beider Altersgruppen den „*helper*“ bevorzugten (wenn mit einem neutralen Charakter gepaart) und den neutralen Charakter bevorzugten (wenn mit dem behindernden Agenten gepaart). Dies spricht dafür, dass die Kinder sowohl eine Präferenz für den „*helper*“ haben als auch den behindernden Agenten eher ablehnen. Ein Blickzeittest ergab keine Effekte. Die Kinder erwarteten also nicht, dass der Protagonist zum *„helper"* gehen würde (wenn mit einem neutralen Charakter gepaart) oder zum neutralen Charakter gehen würde (wenn mit dem *„hinderer"* gepaart).

Insgesamt interpretieren die Autoren ihre Befunde als Beleg, dass bereits 6 Monate alte Kinder über grundlegende Fähigkeiten zur sozialen Evaluation anderer verfügen. Da sie dies in Situationen zeigen, mit denen sie keine direkten Erfahrungen haben (hier: jemandem den Hügel hinauf helfen), scheint diese Fähigkeit angeboren zu sein.

Bedeutung und Bewertung

Die Studie hatte große Bedeutung, da sie einen Fokus auf die frühkindlichen Ursprünge der menschlichen Moral legte. Sie trug zu einer verstärkten Debatte um eine mögliche evolutionäre Basis menschlicher Moral in der entwicklungspsychologischen Forschung bei. Der Einsatz von Präferenzmethoden in der Moralforschung hat zu einer ganzen Bandbreite an experimentellen Säuglingsstudien geführt, die anhand von Blickzeitmessungen oder Greifpräferenzmethoden moralische Einstellungen und Evaluationen im Kleinkindalter erforschen. So zeigte z. B. eine weitere Studie von Hamlin et al. (2010), dass bereits 3 Monate alte Kinder eine Aversion gegenüber dem *„hinderer"* zeigten, indem sie selbst weniger auf den *„hinderer"* als auf einen neutralen Agenten blickten, wenn beide Charaktere gleichzeitig dargeboten wurden. Hier wurden also Blickpräferenzen (anstelle von Greifpräferenzen) gemessen, um die Evaluation der Kinder zu erfassen. Ein Überblick über weitere Studien findet sich bei Baillargeon et al. (2014).

Auf der Basis dieser und weiterer Studien wurden entwicklungspsychologische Theorien vorgestellt, die die Existenz eines angeborenen moralischen Wissens postulieren. Hamlin (2013) spricht hier von einem angeborenen moralischen Kern. In Analogie zur Universalgrammatik Chomskys (Kap. 9) postuliert Mikhail (2007) die Existenz einer universalen moralischen Grammatik (*„universal moral grammar"*).

Neben der genuin wissenschaftlichen Relevanz hat die Studie auch deswegen Bedeutung, da die Befunde über die Psychologie hinaus rezipiert wurden. Die gesamte Forschungslinie erlangte auch die Aufmerksamkeit der nichtwissenschaftlichen Öffentlichkeit. So titelte etwa das Magazin der New York Times eine Ausgabe mit *The Moral Life of Babies*, dem Titel eines darin veröffentlichten Artikels von Paul Bloom. Die deutsche Übersetzung seines Buchs *Just Babies: The Origins of Good and Evil* (2013) lautet *Jedes Kind kennt Gut und Böse: Wie das Gewissen entsteht* (2014). Dies zeigt, wie diese Befunde und die damit einhergehenden Interpretationen auch außerhalb der Wissenschaft von einer breiteren Öffentlichkeit aufgegriffen wurden.

Gleichzeitig ist die Reliabilität der empirischen Befunde sowie die theoretische Bedeutung, mithin ihre Validität, hoch umstritten. Dies betrifft zum einen die Replizierbarkeit dieser und ähnlicher Studien (Hamlin/Wynn, 2011). So berichten einige Säuglingsstudien aus anderen Forschergruppen, dass sie das präferenzielle Greifen nach dem Helfer nicht replizieren konnten (Cowell/Decety, 2015; Salvadori et al., 2015). Andere Studien zeigten, dass wenn die Kinder mehrmals wählen durften, sich keine konsistente Präferenz für den Helfer zeigte (Nighbor et al., 2017). Demgegenüber stehen Befunde, die eine Replikation berichten (Hamlin/Wynn, 2011; Holvoet et al., 2016). Eine ähnlich inkonsistente Befundlage zeigt sich bei Testungen mit älteren Kindern. Zum Teil werden Präferenzen für den Helfer auch im Kindergartenalter berichtet (Van de Vondervoort/Hamlin, 2017), zum Teil werden gegenteilige Befunde berichtet (Hinten et al., 2018). Die empirische Basis der Befunde scheint also unklar.

In einer weiteren Studie wurde eine alternative Deutung der Befunde vorgeschlagen. Scarf und KollegInnen (2012) beobachteten, dass in der Helper-Bedingung der Protagonist hüpfte, sobald er am oberen Plateau angelangt war. Die Autoren stellten die Überlegung an, dass die Präferenz der Kinder für den Helfer auf die hüpfende Bewegung zurückgeführt werden könnte, die Kinder als lustig empfinden würden und die mit dem *„helper“* assoziiert sei. Das bedeutet, dass aus ihrer Sicht die Befunde durch einen einfachen perzeptuellen Effekt und simples assoziatives Lernen erklärt werden könnten und nichts über moralische Erwartungen oder moralisches Wissen im Säuglingsalter aussagt. Um diese Alternativerklärung empirisch zu prüfen, manipulierten die Autoren systematisch, ob der Protagonist hüpfte, wenn er nach unten geschoben wurde, wenn er nach oben geschoben wurde oder ob er beide Male hüpfte. Es zeigte sich, dass die Kinder den Agenten wählten, der mit dem Hüpfen des Protagonisten verbunden war, unabhängig davon, ob er geholfen oder verhindert hatte (Abb. 12.1). Hüpfte der Protagonist jedes Mal (d.h., sowohl wenn er nach oben als auch nach unten geschoben wurde), zeigte sich keine Präferenz. Dies spricht aus Sicht von Scarf und KollegInnen (2012) dafür, dass die berichteten Effekte rein (simpler) perzeptueller Natur sein könnten und nichts über moralische oder evaluative Einstellungen aussagen. Auch in dieser Hinsicht ist die Befundlage uneindeutig, da Hamlin und KollegInnen (2012) auf Unterschiede zu ihren Stimuli und andere Studien verweisen.

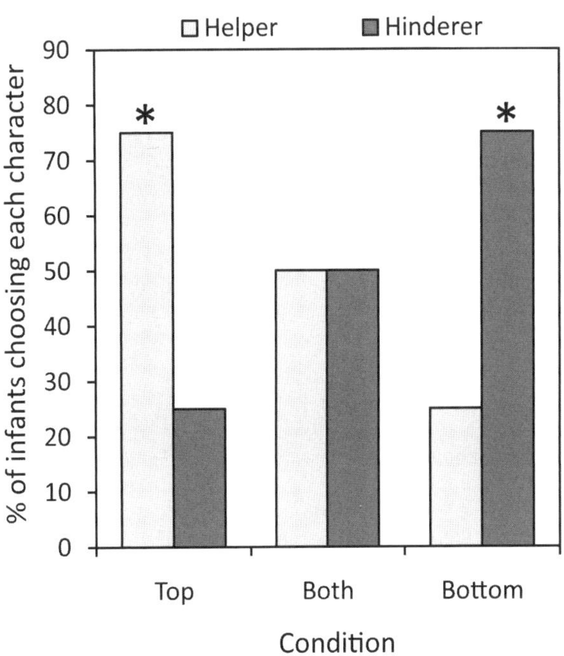

Abb. 12.1: Ergebnisse der Studie von Scarf und KollegInnen (2012).

Auf konzeptueller Ebene argumentiert Dahl (2014), dass ein Präferenzmaß (sei es nun Blickpräferenz oder Greifpräferenz) nicht mit einer sozialen oder moralischen Bewertung gleichzusetzen sei. Moralität zeichnet sich gerade durch den Verpflichtungscharakter, d.h. das Wissen, dass etwas „gesollt" ist, aus (Nunner-Winkler/Paulus, 2018). Mit anderen Worten: Präferenzen zeigen an, was man lieber mag bzw. interessanter findet, während es das Spezifikum der Moral ist, zu evaluieren, was richtig ist. Kein Präferenzmaß kann demnach ein Indikator für moralisches Verständnis sein und etwas Eindeutiges über moralische Bewertungen aussagen. In dieser Lesart zeigen die Befunde von Hamlin und KollegInnen etwas über die sozialen Präferenzen junger Kinder, nicht jedoch etwas über Moral per se. Diese Kritik stimmt mit neueren Überlegungen überein, die rationalem Denken und Urteilen eine zentrale Rolle in Moral einräumen (May, 2018).

Dies ist eine zentrale Debatte für die gegenwärtige Moralforschung. Die Frage, was Moral überhaupt ist, ist dabei keine rein empirisch zu entscheidende Frage, sondern eine begriffliche bzw. konzeptuelle Frage. Die Frage, was Moral ausmacht, ob menschliche Moralvorstellungen, Normen und Werturteile überhaupt vergleichbar sind mit Verhaltenspräferenzen im Tierreich, und worin die Gemeinsamkeiten und Unterschiede liegen, ist zu einem nicht unerheblichen Teil eine konzeptuelle Debatte über unser Verständnis von Moral.

Die Studie von Hamlin und Kollegen (2007) erregte weite Aufmerksamkeit und wurde breit rezipiert. In ihrem Gefolge kam es zu einer intensiven Beschäftigung mit Fragen nach den Ursprüngen der Moral in der frühen Kindheit. Zugleich gibt es Kritik an der empirischen Stärke der Befunde und ihrer Bedeutung. Es stellt sich die Frage, ob Präferenzmaße überhaupt etwas Eindeutiges über moralische Einstellungen aussagen können. Nichtsdestoweniger – oder vielleicht gerade angesichts dieser intensiven Debatten und der in ihr aufgeworfenen Fragen – kann die Studie als ein moderner Klassiker der Entwicklungspsychologie gelten.

12.3 Lernen und Lesen

1. In welchen Punkten weicht die theoretische Basis der Studie von Hamlin et al. (2007) von Auffassungen ab, die Piaget und Kohlberg vertreten hatten?
2. Aufgrund welcher Befundmuster schließen Hamlin und KollegInnen, dass 6 Monate alte Säuglinge sowohl eine Präferenz für prosoziale Agenten als auch eine Ablehnung gegen antisoziale Agenten zeigen?
3. Welche empirischen und theoretischen Kritikpunkte wurden an der Studie und ihrer Interpretation geäußert?

Video zum Experiment: journals.plos.org/plosone/article?id=10.1371/journal.pone.0042698

Video „Magazine – Can Babies Tell Right From Wrong? | The New York Times": www.youtube.com/watch?v=HBW5vdhr_PA

NY Times Artikel „The Moral Life of Babies": www.nytimes.com/2010/05/09/magazine/09babies-t.html?pagewanted=all&_r=0

Ayala, F.J. (2010). The difference of being human: Morality. Proceedings of the National Academy of Sciences, 107, 9015–9022. doi: 10.1073/pnas.0914616107

Baillargeon, R., Setoh, P., Sloane, S., Jin, K., & Bian, L. (2014). Infant social cognition: Psychological and sociomoral reasoning. In M.S. Gazzaniga & G.R. Mangun (Eds.), The cognitive neurosciences. Cambridge, MA: MIT Press.

Cowell, J.M. & Decety, J. (2015). Precursors to morality in development as a complex interplay between neural, socioenvironmental, and behavioral facets. Proceedings of the National Academy of Sciences, 112(41), 12657–12662. doi: 10.1073/pnas.1508832112

Dahl, A. (2014). Definitions and developmental processes in research on infant morality. Human Development. 57(4), 241–249. doi: 10.1159/000364919

Haidt, J., Graham, J., & Joseph, C. (2009). Above and below left-right: Ideological narratives and moral foundations. Psychological Inquiry, 20(2–3), 110–119. doi: 10.1080/10478400903028573

Haidt, J., & Joseph, C. (2008). The moral mind: How five sets of innate intuitions guide the development of many culture-specific virtues, and perhaps even modules. In P. Carruthers, S. Laurence, & S. Stich (Eds.), The innate mind, volume 3: Foundations and the future (pp. 367–391). Oxford: Oxford University Press. doi: 10.1093/acprof:oso/9780195332834.003.0019

Hamlin, J.K. (2013). Moral judgement and action in preverbal infants and toddlers: Evidence for an innate moral core. Current Directions in Psychological Science, 22(3), 186–193. doi 10.1177/0963721412470687

Hamlin, J. K., & Wynn, K. (2011). Five- and 9-month-old infants prefer prosocial to antisocial others. Cognitive Development, 26(1), 30–39. doi: 10.1016/j.cogdev.2010.09.001.

Hamlin, J. K., Wynn, K., & Bloom, P. (2007). Social evaluation by preverbal infants. Nature, 450(7169), 557–559. doi: 10.1038/nature06288

Hamlin, J. K., Wynn, K., & Bloom, P. (2010). Three-month-olds show a negativity bias in their social evaluations. Developmental Science, 13(6), 923–929. doi: 10.1111/j.1467-7687.2010.00951.x

Hamlin, J. K., Wynn, K., & Bloom, P. (2012). The case for social evaluation in infants. Plos One. Online commentary: https://journals.plos.org/plosone/article/comment?id=10.1371/annotation/218777b8-af96-4d39-a01e-eae3142a6c23

Hinten, A. E., Labuschagne, L. G., Boden, H., & Scarf, D. (2018). Preschool children and young adults' preferences and expectations for helpers and hinderers. Infant and Child Development, 27(4), e2093. doi: 10.1002/icd.2093

Holvoet, C., Scola, C., Arciszewski, T., & Picard, D. (2016). Infants' preference for prosocial behaviors: A literature review. Infant Behavior and Development, 45, 125–139. doi: 10.1016/j.infbeh.2016.10.008

Kant, I. (1785). Grundlegung zur Metaphysik der Sitten. Riga: J. F. Hartknoch.

Katz, L. D. (2000). Evolutionary origins of morality: Cross disciplinary perspectives. Exeter, UK: Imprint Academic. doi: 10.1017/CBO9781107415324.004

Kohlberg, L. (1981). The philosophy of moral development: Moral stages and the idea of justice (Essays on moral development, volume 1). San Fransisco, US: Harper & Row.

May, J. (2018). Regard for reason in the moral mind. Oxford: Oxford University Press. doi: 10.1093/oso/9780198811572.001.0001

Mikhail, J. (2007). Universal moral grammar: Theory, evidence and the future. Trends in Cognitive Sciences, 11(4), 143–152. doi: 10.1016/j.tics.2006.12.007

Nighbor, T., Kohn, C., Normand, M., & Schlinger, H. (2017). Stability of infants' preference for prosocial others: Implications for research based on single-choice paradigms. PLoS ONE, 12(6), e0178818. doi: 10.1371/journal.pone.0178818

Nunner-Winkler, G., & Paulus, M. (2018). Prosoziale und moralische Entwicklung. In W. Schneider & U. Lindenberger (Eds.), Entwicklungspsychologie (S. 537–557). Weinheim: Beltz.

Salvadori, E., Blazsekova, T., Volein, A., Karap, Z., Tatone, D., Mascaro, O., & Csibra, G. (2015). Probing the strength of infants' preference for helpers over hinderers: Two replication attempts of Hamlin and Wynn (2011). PloS One, 10(11), e0140570. doi: 10.1371/journal.pone.0140570

Scarf, D., Imuta, K., Colombo, M., & Hayne, H. (2012). Social evaluation or simple association? Simple associations may explain moral reasoning in infants. PLoS ONE, 7(8), e42698. doi: 10.1371/journal.pone.0042698

Scheler, M. (1928). Die Stellung des Menschen im Kosmos. Bonn: Bouvier.
Scott, R. M., & Baillargeon, R. (2014). How fresh a look? A reply to Heyes. Developmental Science, 17(5), 660–664. doi: 10.1111/desc.12173
Van de Vondervoort, J. W., & Hamlin, J. K. (2017). Preschoolers' social and moral judgments of third-party helpers and hinderers align with infants' social evaluations. Journal of Experimental Child Psychology, 164, 136–151. doi: 10.1016/j.jecp.2017.07.004

13 Reiche Eltern, reicher Wortschatz? Die Rolle der vorsprachlichen Kommunikation in der Sprachentwicklung

Goldin-Meadows Studie zur frühen Sprachentwicklung

Quelle:
Rowe, M. L., & Goldin-Meadow, S. (2009). Differences in early gesture explain SES disparities in child vocabulary size at school entry. Science, 323, 951–953.

Kurzbiografie:
Susan Goldin-Meadow (geb. 1949) studierte Psychologie am Smith College, in Genf und in Philadelphia (University of Pennsylvania) und promovierte dort 1975. Seit 1992 ist sie als Professorin an der Universität Chicago tätig.

Wie können wir erklären, dass Kinder aus Familien mit geringerem sozioökonomischen Status (SoS) in der Sprachentwicklung hinter ihren Peers zurückbleiben und, möglicherweise als Folge davon, auch in der Schule schlechter abschneiden? Die Studie von Rowe und Goldin-Meadow richtete ihren Blick auf die frühen Phasen der Sprachentwicklung und nahm dabei die familiären Interaktionsprozesse und die vorsprachliche Kommunikation genauer unter die Lupe. Dazu untersuchten die Forscherinnen Zusammenhänge zwischen dem frühen Gebrauch von Gesten in der Eltern-Kind-Interaktion im Alter von ca. 1 Jahr und dem kindlichen Wortschatz im Alter von 4,5 Jahren. Es zeigte sich, dass in Familien mit geringerem SoS sowohl die Eltern als auch die Kinder weniger gestisch kommunizierten. Mit 4,5 Jahrenzeigten sich auch Unterschiede im Wortschatz: Kinder mit geringerem SoS verfügten über einen geringeren Wortschatz. Der Hauptbefund der Studie war, dass diese Unterschiede im Wortschatz teilweise durch die Unterschiede in der frühen gestischen Kommunikation erklärt werden konnten.

13.1 Ausgangspunkt und leitende Frage

In der Entwicklungspsychologie gibt es bereits seit langem ein vertieftes Interesse an vorsprachlichen Formen der Kommunikation und des sozialen Austausches. Eine zentrale Frage ist, wie sich die Vorformen sprachlicher Kommunikation (z.B. Zeigegesten) entwickeln und wie diese vorsprachlichen Kommunikationsformen letztlich den Erwerb unserer Sprache bedingen (Bates et al., 1979; Liszkowski, 2015). Darüber hinaus erlaubt der Vergleich der frühkindlichen nichtverbalen Kommunikation mit den Kommunikationsformen uns nahestehender Arten (z.B. Schimpansen) Rückschlüsse auf Unterschiede und Ähnlichkeiten im sozialen Verstehen zwischen Mensch und Tier (Tomasello, 2011). Mithilfe von Gesten interagieren Kinder ab dem Ende des ersten Lebensjahres mit ihrer sozialen Umwelt (Liszkowski, 2015; Abb. 13.1). Dies zeigt sich etwa darin, wenn sie mithilfe der Zeigegeste ihre Eltern dirigieren, ihnen etwas zu geben (*proto-imperative* Funktion) oder ihnen etwas zeigen und so ihr Interesse teilen wollen (*proto-deklarative* Funktion). Das Ausmaß des deklarativen, nicht aber des imperativen Zeigeverhaltens ist prädiktiv für die spätere Entwicklung von Sprache (Colonnesi et al., 2010) und der Theory of Mind (Sodian/Kristen-Antonow, 2015). Zum Beispiel zeigte sich, dass der Gestengebrauch mit 1 Jahr den Umfang des Wortschatzes mit 3,5 Jahren vorhersagte, selbst wenn man den Wortschatz mit 1 Jahr berücksichtigt (Rowe et al., 2008). Interessant sind auch die Befunde, dass gerade die Produktion und das Verständnis deklarativen Zeigens bei jungen Kindern mit Autismus-Spektrums-Störungen eingeschränkt zu sein scheint (Sigman et al., 1986).

Darüber hinaus gibt es ein starkes Interesse am Einfluss der elterlichen Verhaltensweisen auf die sprachliche Entwicklung, denn hier zeigen sich vielfältige Zusammenhänge: Mütter, die responsiver sind und kontingenter auf ihre Kinder reagieren, haben Kinder, die sprachlich weiterentwickelt sind (Tamis-LeMonda et al., 2001). Das Ausmaß des sprachlichen Inputs, den Kinder empfangen, korreliert mit ihrer sprachlichen Entwicklung (Huttenlocher et al., 2010). Dabei hat man auch soziale Disparitäten genauer betrachtet: Kinder aus niedrigeren SoS bekommen weniger als ein Drittel des sprachlichen Inputs als Kinder aus höheren SoS (Hart/Risley, 1995). Ebenso zeigten die Kinder entsprechend einen geringeren Wortschatz. Dies legt nahe, dass sich die Unterschiede in den sprachlichen Fähigkeiten, die sich bei Kindern mit unterschiedlichem SoS finden, durch das Ausmaß des sprachlichen Inputs erklären lassen (Hoff, 2006).

Diese beiden Forschungsstränge kombinierend, untersuchten Rowe und Goldin-Meadow (2009), ob sich bereits im Bereich der präverbalen Kommunikation im Hinblick auf den SoS Unterschiede zeigen. Darüber hinaus erforschten sie, inwieweit die Unterschiede in der frühen, nonverbalen Kommunikation spätere Unterschiede in der sprachlichen Entwicklung vorhersagen.

Abb. 13.1: Zeigegesten eines 14 Monate alten Kindes

13.2 Das Experiment im Detail

Aufbau

Die Studie folgte einem longitudinalen Design, in welchem die Kinder sowohl mit 14 Monaten als auch mit 54 Monaten (4,5 Jahren) untersucht wurden. Im Alter von 14 Monaten besuchten die Forscherinnen die Familien und zeichnet die Alltagsinteraktionen zwischen den Eltern und den Kindern auf. Sie werteten alle sprachlichen und nichtsprachlichen Kommunikationen sowohl der Eltern als auch der Kinder aus. Im sprachlichen Bereich analysierten sie die Anzahl an unterschiedlichen Wörtern, die Eltern und Kinder gebrauchten. Im vorsprachlichen Bereich analysierten sie den Gestengebrauch. Dabei werteten sie nicht die reine Anzahl oder Arten von Gesten aus, sondern wie viele verschiedene Bedeutungen damit kommuniziert wurden (z.B. eine Zeigegeste auf einen Hund und ein Spielzeug wurde als zwei gezählt). Im Alter von 54 Monaten nutzten die Forscherinnen einen klassischen Sprachentwicklungstest, um den Umfang des kindlichen Wortschatzes zu erfassen.

Ergebnis und Interpretation

Eine erste Analyse fokussierte sich auf Zusammenhänge innerhalb des ersten Erhebungszeitpunktes, d.h., als die Kinder 14 Monate alt waren. Die Anzahl gebrauchter Gesten und Wörter hingen positiv zusammen. Das heißt, je mehr Gesten die Kinder produzierten, desto mehr Wörter sprachen sie auch. Darüber hinaus zeigte sich ein Zusammenhang zwischen dem Ausmaß elterlicher Gesten und kindlicher Gesten – nicht jedoch für Wörter. In Familien mit höherem SoS zeigten sowohl Kinder als auch Eltern mehr Gesten. Um die vermittelnden Prozesse genauer zu erfassen, führten die Forscherinnen eine Mediationsanalyse durch. Mithilfe dieser statistischen Analysetechnik lässt sich erfassen, inwieweit der Zusammenhang zwischen zwei Variablen durch eine dritte Variable vermittelt wird. Diese Analyse ergab, dass die Zusammenhänge zwischen dem SoS der Familie und dem kindlichen Gestengebrauch durch den elterlichen Gestengebrauch erklärt werden.

Das bestätigt den Befund, dass Kinder mit geringeren SoS weniger Gesten gebrauchen, da auch ihre Eltern weniger Gesten nutzen.

Um ihre Hauptfragestellung zu beantworten, analysierten die Forscherinnen die Zusammenhänge zwischen den frühkindlichen Variablen und dem kindlichen Wortschatz mit 4,5 Jahren. Der zentrale Befund wurde wiederum durch eine Mediationsanalyse erbracht: Die Zusammenhänge zwischen SoS und kindlichem Wortschatz konnten teilweise durch das Ausmaß des frühkindlichen Gestengebrauchs erklärt werden. Das bedeutet, dass der Einfluss des SoS auf die Sprachentwicklung zumindest zum Teil auf die Unterschiede in der präverbalen Kommunikation zurückführen sein könnten.

Bedeutung und Bewertung

Wie können wir erklären, dass Kinder aus Familien mit einem niedrigeren sozioökonomischen Hintergrund oftmals im Bereich der Sprache schlechter abschneiden? Diese Frage ist von zentraler Bedeutung, da Unterschiede in den Sprachfertigkeiten eine zentrale Rolle in der Vorhersage schulischen Erfolgs und damit auch für den weiteren Lebensweg spielen (Kastner et al., 2001). Während sich bisherige Forschung auf den sprachlichen Input konzentrierte, geht die Studie von Rowe und Goldin-Meadow (2009) darüber hinaus. Sie zeigt, dass diese Unterschiede bereits in der nonverbalen Kommunikation vorhanden sind. Spätere SoS-bezogene Unterschiede im Wortschatz lassen sich zumindest teilweise durch das Ausmaß früher kindlicher Gesten erklären. Diese wiederum lassen sich durch das Ausmaß elterlicher Gesten erklären. Die Befunde sind im Einklang mit einem kaskadischen Entwicklungsprozess, nach welchem der elterliche Gestengebrauch das Ausmaß des kindlichen Gestengebrauchs beeinflusst, welcher wiederum den Umfang des kindlichen Wortschatzes prädiziert. Die Bedeutung der Befunde liegt darin, dass sie einen Blick auf die früheste Kindheit wirft und die Möglichkeit eröffnet, dass sich hier bereits Unterschiede in der Kommunikation abzeichnen, die letztlich die unterschiedlichen sprachlichen Fertigkeiten von Kindern aus unterschiedlichen sozioökonomischen Schichten erklären könnten.

Damit unterstreicht die Studie die Relevanz der frühkindlichen familiären Interaktionsprozesse für die kognitive Entwicklung und lenkt unseren Blick auf einen bislang vernachlässigten Faktor zur Erklärung der intergenerationalen Transmission sozioökonomischer Unterschiede. Zusammenhänge zwischen elterlicher und frühkindlicher präverbaler Kommunikation konnten auch in anderen Studien bestätigt werden (Ger et al., 2018). Dabei sollte jedoch nicht übersehen werden, dass die SoS-bezogenen Unterschiede im kindlichen Wortschatz nur teilweise durch den frühkindlichen Gestengebrauch erklärt werden konnten. Dies bedeutet, dass auch andere Faktoren eine gewichtige Rolle spielen. Die frühe nonverbale Kommunikation stellt nur einen, wenn auch bislang nur unzureichend berücksichtigten Faktor dar. Darüber hinaus muss man sich bewusst sein, dass dies immer nur korrelative Befunde sind und dass der Einfluss möglicher Drittvariablen hierbei nie ausgeschlossen werden kann.

Die Bedeutung der Studie liegt dabei nicht nur im Befund selbst, sondern auch in der Verknüpfung verschiedener Forschungsstränge, die jeweils für sich von großem Interesse für die Entwicklungspsychologie sind: zum einen die Ursprünge menschlicher Kommunikation in nonverbalen Gesten, zum anderen die Zusammenhänge zwischen elterlicher Kommunikation und kindlicher Entwicklung, und schlussendlich die Frage, wie wir Leistungsunterschiede zwischen Kindern aus unterschiedlichen sozioökonomischen Schichten erklären können. Die kreative Zusammenführung dieser drei Forschungsstränge zeichnet diese Studie aus.

Die Studie von Rowe und Goldin-Meadow (2009) wirft einen neuen Blick auf Faktoren, die Unterschiede in der kognitiven Entwicklung zwischen Kindern aus unterschiedlichen sozioökonomischen Schichten erklären können. Darüber hinaus zeigt sie, wie eng elterliche und kindliche präverbale Kommunikation in der frühen Kindheit miteinander verknüpft sind.

13.3 Lernen und Lesen

1. Wie erklären Rowe und Goldin-Meadow (2009) die Unterschiede im Umfang des Wortschatzes bei Kindern aus unterschiedlichen sozioökonomischen Schichten?
2. Warum muss man bei der Interpretation der korrelativen Befunde vorsichtig sein? Haben Sie eine Idee, wie man die Befunde auch anders erklären könnte?

Tedx talk von Goldin-Meadow: www.youtube.com/watch?v=tPPaJrhluS4

Bates, E., Benigni, L., Bretherton, I., Camaioni, L., & Volterra, V. (1979). The emergence of symbols: Cognition and communication in infancy. New York, NY, US: Academic.

Colonnesi, C., Stams, G.J.J.M., Koster, I., & Noom, M.J. (2010). The relation between pointing and language development: A meta-analysis. Developmental Review, 30(4), 352–366. doi: 10.1016/j.dr.2010.10.001

Ger, E., Altinok, N., Liszkowski, U., & Küntay, A.C. (2018). Development of infant pointing from 10 to 12 months: The role of relevant caregiver responsiveness. Infancy, 23(5), 708–729. doi: 10.1109/infa.12239

Hart, B., & Risley, T.R. (1995). Meaningful differences in the everyday experience of young American children. Baltimore, MD, US: Paul H. Brookes Publishing.

Hoff, E. (2006). How social contexts support and shape language development. Developmental Review, 26(1), 55–88. doi: 10.1109/TAP.2010.2055811

Huttenlocher, J., Waterfall, H., Vasilyeva, M., Vevea, J., & Hedges, L.V. (2010). Sources of variability in children's language growth. Cognitive Psychology, 61(4), 343–365. doi: 10.1016/j.cogpsych.2010.08.002

Kastner, J.W., May, W., & Hildman, L. (2001). Relationship between language skills and academic achievement in first grade. Perceptual and Motor Skills, 92(2), 381–390. doi: 10.2466/pms.2001.92.2.381

Liszkowski, U. (2015). Vorsprachliche Kommunikation und sozial-kognitive Voraussetzungen des Spracherwerbs. In S. Sachse (Ed.), Handbuch Spracherwerb und Sprachentwicklungsstörungen. Kleinkindphase. München: Elsevier.

Rowe, M.L., & Goldin-Meadow, S. (2009). Differences in early gesture explain SES disparities in child vocabulary size at school entry. Science, 323(5916), 951–953. doi: 10.1126/science.1167025

Rowe, M.L., Özçalişkan, Ş., & Goldin-Meadow, S. (2008). Learning words by hand: Gesture's role in predicting vocabulary development. First Language, 28(2), 182–199. doi: 10.1177/0142723707088310

Sigman, M., Ungerer, J., & Sherman, T. (1986). Defining the social deficits of autism: The contribution of non-verbal communication measures. Journal of Child Psychology and Psychiatry, 27(5), 657–669. doi: 10.1111/j.1469-7610.1986.tb00190.x

Sodian, B., & Kristen-Antonow, S. (2015). Declarative joint attention as a foundation of theory of mind. Developmental Psychology, 51(9), 1190–1200. doi: 10.1037/dev0000039

Tamis-LeMonda, C.S., Bornstein, M.H., & Baumwell, L. (2001). Maternal responsiveness and children's achievement of language milestones. Child Development, 72(3), 748–767. doi: 10.1111/1467-8624.00313

Tomasello, M. (2011). Die Ursprünge der menschlichen Kommunikation. Frankfurt am Main: Suhrkamp.

Sachregister